电子商务法律法规

第 5 版

主　编　韩晓平

副主编　徐振华

参　编　兰　婧

机 械 工 业 出 版 社

本书编写参照了 2021 年施行的《中华人民共和国民法典》、2019 年施行的《中华人民共和国电子商务法》,以及《中华人民共和国增值税暂行条例》《中华人民共和国个人所得税法》《中华人民共和国个人信息保护法》,对电子商务中的法律法规知识作了详细的介绍,内容丰富、重点突出。全书分为 9 章,详细阐述了电子商务中的法律问题,特别对法学研究中的热点问题进行了探讨,并有针对性地列举了大量电子商务案例,结合观点进行论述,有理有据。

本书深入浅出、通俗易懂、理论难度适中、涉及的法律知识与电子商务联系紧密,具有前瞻性和实用性。本书既可作为职业教育本科、专科院校电子商务、经济管理、市场营销等专业的学习教材,又可作为各类与电子商务有关的短期培训班的培训教材,还可作为广大有志于从事电子商务的读者的自学参考书。

本书配有微课视频,读者用手机扫一扫书中二维码,即可观看视频。

为方便教学,本书配备电子课件,凡选用本书作为教材的教师均可登录机械工业出版社教育服务网 www.cmpedu.com 下载,咨询电话:010 - 88379375。

图书在版编目(CIP)数据

电子商务法律法规 / 韩晓平主编. — 5 版. — 北京:
机械工业出版社,2024.3
ISBN 978 - 7 - 111 - 75381 - 0

Ⅰ.①电… Ⅱ.①韩… Ⅲ.①电子商务-法规-中国
Ⅳ.①D922.294

中国国家版本馆 CIP 数据核字(2024)第 057140 号

机械工业出版社(北京市百万庄大街 22 号 邮政编码 100037)
策划编辑:杨晓昱   责任编辑:杨晓昱
责任校对:李可意 李 杉   封面设计:马精明
责任印制:郜 敏
三河市航远印刷有限公司印刷
2024 年 6 月第 5 版第 1 次印刷
184mm × 260mm · 11.25 印张 · 225 千字
标准书号:ISBN 978 - 7 - 111 - 75381 - 0
定价:39.80 元

电话服务   网络服务
客服电话:010 - 88361066   机 工 官 网:www.cmpbook.com
          010 - 88379833   机 工 官 博:weibo.com/cmp1952
          010 - 68326294   金 书 网:www.golden-book.com
封底无防伪标均为盗版   机工教育服务网:www.cmpedu.com

前　言

　　2023 年是全面深入贯彻落实党的二十大精神的开局之年，在全党上下开展学习贯彻习近平新时代中国特色社会主义思想主题教育之时，结合当前及今后电子商务的发展，我们对《电子商务法律法规》再次进行了修订。

　　电子商务作为现代科技进步和网络经济发展催生出的新型生产力，具有巨大的发展市场和诱人的发展前景，其重要性是不可估量的。电子商务不仅在拉动内需、解决就业、扩大经营、促进经济发展、加速传统产业升级、提高企业竞争力等方面发挥着重要作用，而且也彻底改变了企业商务活动的运作模式。但是电子商务应用也给社会带来了诸多的法律问题，如电子合同、电子商务支付、消费者权益保护、知识产权等，这些问题不仅仅局限于技术方面，更涉及法律、税收、经营管理、文化等方方面面。原有管理方式与法律规则已不适应（尤其是法律）。电子商务所涉及的法律问题非常广泛，为解决上述问题，规范市场秩序，制定一部具有权威性、综合性的电子商务法律已经迫在眉睫。对此，2013 年12 月，全国人大财政经济委员会牵头组织成立电子商务法起草组，正式启动立法进程，经过 3 次公开征求意见，4 次审议，2018 年 8 月 31 日，十三届全国人大常委会第五次会议表决通过《电子商务法》。《电子商务法》的出台，填补了电子商务行业法律的空白，也为行业竞争提供了可参考的法律依据。

　　本书根据 2021 年施行的《中华人民共和国民法典》、2019 年施行的《中华人民共和国电子商务法》，以及《中华人民共和国增值税暂行条例》《中华人民共和国个人所得税法》《中华人民共和国个人信息保护法》，更新了相关内容。第 1 章、第 8 章、第 9 章由韩晓平修订，第 2 章、第 3 章、第 4 章由徐振华修订，第 5 章、第 6 章、第 7 章由兰婧修订。由韩晓平对本书内容进行设计、修改，并担任本书的主编。

　　本书既适合作为职业教育本科、专科院校电子商务、经济管理、市场营销等专业的学习教材，又可作为各类与电子商务有关的短期培训班的培训教材，还可作为广大有志于从事电子商务的读者的自学参考书。

　　本书在编写过程中，得到了卢小平、高慧云等领导和同志的大力支持和热情帮助，在此表示感谢。由于作者编写水平有限，书中难免有疏漏之处，恳请读者批评指正。

编　者

二维码索引

目　录

第7章　电子商务与税法　　118

第 1 章

电子商务法基本理论

1.1 电子商务的内涵和立法范围

20 世纪 90 年代以来，计算机网络技术得到了飞速发展，不仅实现了网络全球化、普遍化，而且实现了其应用范围从传统文字处理和信息传递领域向商业领域的根本性转变，带来了商业运行模式的变革，开辟了与传统商务不同的商务模式，这便是电子商务。电子商务是计算机网络技术发展到大规模应用产生的商务形态。由于运行环境和商务模式的改变，传统的法律体系难以适应电子商务的发展，需要新的法律法规规范电子商务的运行。

1.1.1 电子商务的定义

各国政府、学者、企业界人士都根据自己所处的地位和对电子商务的参与程度，给出了许多表述不同的定义。比较这些定义，有助于读者更全面地了解电子商务。

1. 世界电子商务会议关于电子商务的概念

1997 年 11 月 6—7 日，国际商会在法国首都巴黎举行了世界电子商务会议（The World Business Agenda for Electronic），会上给出了关于电子商务概念的阐述：电子商务（Electronic Commerce），是指整个贸易活动实现电子化。电子商务从涵盖范围方面可以定义为：交易各方以电子交易方式而不是通过当面交换或直接面谈方式进行的任何形式的商业交易；从技术方面可以定义为：电子商务是一种多技术的集合体，包括交换数据（如电子数据交换、电子邮件）、获得数据（共享数据库、电子公告牌）以及自动捕获数据（条码）等。

2. 经济合作和发展组织（OECD）对电子商务的定义

经济合作和发展组织（OECD）是较早对电子商务进行系统研究的机构，它将电子商务定义为：电子商务是发生在开放网络上的保护企业之间、企业和消费者之间的商业交易。

3. 权威学者的定义

美国学者瑞维·卡拉科塔和安德鲁·B.惠斯顿提出："广义地讲，电子商务是一种现代商业方法。这种方法通过改善产品和服务质量、提高服务传递速度，满足政府组织、厂商和消费者的降低成本的需求。这一概念也用于通过计算机网络寻找信息以支持决策。一般地讲，今天的电子商务通过计算机网络将买方和卖方的信息、产品和服务器联系起来，而未来的电子商务者通过构成信息高速公路的无数计算机网络将买方和卖方联系起来。"

《中华人民共和国电子商务法》（2018年8月31日第十三届全国人民代表大会常务委员会第五次会议通过）第二条中明确："本法所称电子商务，是指通过互联网等信息网络销售商品或者提供服务的经营活动。"

"法律、行政法规对销售商品或者提供服务有规定的，适用其规定。金融类产品和服务，利用信息网络提供新闻信息、音视频节目、出版以及文化产品等内容方面的服务，不适用本法。"

由此可见，电子商务的前提条件是信息技术，特别是网络技术的产生与发展；电子商务的核心是掌握现代信息技术与商务理论及实务的复合型人才，他们是发展电子商务最关键的要素；电子商务的基础是综合运用各类系统化的电子工具；电子商务的对象是从事以商务交易为中心的各种商务活动；电子商务的目的是高效率、高效益、低成本地进行产品生产与产品服务，提高企业的整体竞争能力。

1.1.2 电子商务法的立法范围及适用范围

1. 电子商务法的调整对象

调整对象是立法的核心问题，它揭示了立法调整的因特定主体所产生的特定社会关系，也是一法区别于另一法的基本标准。根据电子商务的内在本质和特点，电子商务法的调整对象应当是电子商务交易活动中发生的各种社会关系，而这类社会关系是在广泛采用新型信息技术并将这些技术应用到商业领域后才形成的特殊的社会关系，它交叉存在于虚拟社会和实体社会之间，有别于实体社会中的各种社会关系。

2. 电子商务法的立法范围

对电子商务立法范围的理解，应从"商务"和"电子商务所包含的通信手段"两个方面考虑。一方面，应深入了解商务的含义。对"商务"一词应作广义解释，使其包括不论是契约型还是非契约型的一切商务性质的关系所引起的种种事项。另一方面，"电子商务"概念所包含的通信手段有以下各种以使用电子技术为基础的传递方式：通过电子手段，如通过互联网进行的自由格式的文本的传递，以电子数据交换方式进行的通信，计算机之间以标准格式进行的数据传送；利用公开标准或专有标准进行的电文传递；在某些情况下，还可包括电报和传真复印等技术的使用。如果说"商务"是一个子集，"电子商务所包含的通信手段"为另一个子集，则电子商务立法所覆盖的范围应当是这两个子集所形成的交集，即"电子商务"广泛涉及互联网、内部网和电子数据交换在贸易方面的各种用途。

应当注意的是，虽然电子商务法中经常提及比较先进的通信技术，如电子数据交换和电子邮件等，但电子商务法所依据的原则及其条款也应照顾到传统的通信技术，如电传、传真等。可能存在这种情况，即最初以标准化电子数据交换形式发出的数字化信息，后来在发信人和收信人之间的传递过程中某一环节上，改为采用电子计算机生成的电传形式或电子计算机打印的传真复印形式来传送。一个数据电文可能最初是口头传递的，最后改用传真复印，或者最初采用传真复印形式，最后变成了电子数据交换电文。电子商务的一个特点是它包括可编程序电文，后者的计算机程序制作是此种电文与传统书面文件之间的根本差别。这种情况也应包括在电子商务法的范围内，因为各用户需要一套连贯的规则来规范可能交互使用的多种不同的通信技术。应当注意到，作为更普遍的原则，任何通信技术均不应排除在电子商务法范围之外，因此也必须顾及未来技术的发展。

3. 电子商务法的适用范围

理解电子商务法的效力，应紧扣《中华人民共和国电子商务法》第二条的规定。具体而言，以下情形适用我国的电子商务法：

1）在我国境内电子商务平台上发生的交易。除当事人另有约定外，在我国境内电子商务平台（电子商务平台经营者在我国境内依法注册登记）发生或者依托我国境内电子商务平台进行的交易，不论交易双方是否为我国境内的自然人、法人或者非法人组织，即交易双方均为外国人，交易双方均为我国境内的自然人、法人或者非法人组织，或者交易一方为我国境内的自然人、法人或者非法人组织，均适用我国电子商务法。

2）交易双方当事人均为我国自然人、法人和非法人组织。即使其利用境外电子商务平台进行交易，也适用我国电子商务法，当事人另有约定除外。

3）境外经营者在境外建立网站或者通过境外平台向我国境内的自然人、法人或者非法人组织销售商品或者提供服务。如果买方或者服务接受者为消费者，应适用我国电子商务法，除非消费者选择适用商品、服务提供地法律或者消费行为发生在境外。如果买方或者服务接受者为我国境内的自然人、法人或者非法人组织，双方可以约定适用我国电子商务法；在当事人没有特别约定时，如果境外经营者介绍商品或者服务使用的语言文字、支付方式、快递物流等明显指向我国境内的自然人、法人或者非法人组织，即有向我国境内的自然人、法人或者非法人组织销售商品或者提供服务的明显意图，应适用我国电子商务法。

4）我国与其他国家、地区所缔结或参加的国际条约、协定规定跨境电子商务活动适用我国电子商务法。适用我国电子商务法，既包括《中华人民共和国电子商务法》中的相关条款，也包括中华人民共和国涉外民事法律关系适用法以及依照电子商务法第二十六条规定的跨境电子商务应当遵守进出口监督管理的法律、行政法规和国家有关规定。

1.2 电子商务立法

电子商务需要相应的法律规范调整，也需要相应的立法。目前我国的电子商务相对滞后于一些国家，所以本节先简要介绍国际组织和一些国家的电子商务立法，然后介绍我国电子商务立法现状。

1.2.1 国外电子商务立法的情况

1. 电子商务早期立法

电子商务的国际立法是随着信息技术的发展而展开的。20 世纪 80 年代初，由于计算机技术已日渐成熟，一些国家和企业开始大量使用计算机处理数据，从而引起了一系列计算机数据的法律问题，例如，计算机数据的"无纸化"特点与商业文件的"纸面"要求的冲突。早期的国际电子商务立法主要是围绕着电子数据交换规则制定展开的。1979 年，美国国家标准协会制定了 ANSI/ASC/X12 标准。1981 年，欧洲国家推出了第一套网络贸易数据标准，即《贸易数据交换指导原则》。1984 年，联合国国际贸易法委员会提交了《自动数据处理的法律问题》的报告，建议审视有关计算机记录和系统的法律要求，从而揭开了电子商务国际立法的序幕。

1990 年 3 月，联合国正式推出了 UN/EDIFACT 标准，并被国际标准化组织正式接受为国际标准 ISO 9735。UN/EDIFACT 标准的推出统一了世界贸易数据交换中的标准，使得利用电子技术在全球范围内开展商务活动成为可能。此后，联合国又先后制定了《联合国行政、商业和运输业电子数据交换规则》《电子数据交换处理统一规则》等文件。1993 年 10 月，联合国国际贸易法委员会电子交换工作组 26 届会议全面审议了《电子数据交换及贸易数据通信有关手段法律方面的统一规则草案》，形成了国际电子数据交换的法律基础。

电子商务发展早期由于受到网络技术发展的限制，国际电子商务立法只能局限于 EDI 标准和规则的制定，其影响也是有限的。

2. 电子商务法律框架形成时期

（1）国际组织的立法努力

20 世纪 90 年代初，互联网商业化和社会化的发展，从根本上改变了传统的商业结构和市场运作方式。在商界积极地探索这种新经济模式的同时，国际组织和一些国家也积极地探索规范这种经济运行方式的法律体制，为新经济运行提供安全有序的法律环境。这一立法努力仍然是以联合国为先导的。

1996 年 6 月联合国通过了《贸易法委员会电子商务示范法》。它是经过众多的国际法律专家多次集体讨论后制定的，意在向各国政府的执行部门和议会提供电子商务立法的原则和框架，尤其是对以数据电文为基础的电子合同的订立和效力做出了开创性规范，成为各国制定本国电子商务法规的"示范文本"。

1999 年 9 月 17 日，联合国国际贸易法委员会电子商务工作组颁布了《电子签字统一规则（草案）》，旨在解决阻碍电子交易形式推广应用的基础性问题——电子签名及其安全性、可靠性、真实性问题。草案提出了电子签名与强化电子签字的概念，并对电子签名、认证证书、认证机构等做出了规范。之后，联合国国际贸易法委员会电子商务工作组广泛吸取了一些国家已经生效的，或是正在起草的立法文件的经验，于 2001 年 3 月 23 日正式公布了《贸易法委员会电子签名示范法》。其他国际组织也积极参与电子商务立法和国家之间电子商务共同原则的探索和制定，国际商会、经济合作和发展组织、欧盟等是这方面工作的积极推动者。

国际商会于 1997 年 11 月 6 日通过了《国际数字保证商务通则》，试图平衡不同法律体系，为电子商务提供指导性政策，并统一有关术语。

1998 年 10 月，经济合作与发展组织公布了 3 个重要文件，即《经济合作与发展组织全球电子商务行动计划》《有关国际组织和地区组织报告：电子商务的活动和计划》《工商界全球商务行动计划》，作为经济合作与发展组织发展电子商务的指导性文件。

欧盟于 1997 年提出了《关于电子商务的欧洲建议》，1998 年又发表了《欧盟电子签名法律框架指南》和《欧盟关于处理个人数据及其自由流动中保护个人的指令》（或称《欧盟隐私保护指令》），1999 年发布了《数字签名统一规则草案》。这些地区性组织通过制定电子商务政策，努力协调内部关系，并积极将其影响扩展到全球。

2000 年，欧盟将电子商务立法作为启动欧洲网络经济发展的重要环节，按计划完成了电子商务的立法，包括对著作权的规定、远程金融服务的规定、电子银行的规定、电子商务的规定等。此外，在布鲁塞尔—罗马条约中还讨论了合同法、网上争端解决办法等立法程序。

世界贸易组织于 1997 年达成 3 个协议，为电子商务和信息技术稳步、有序地发展奠定了基础。这 3 个协议是：《全球基础电信协议》《信息技术协议》《开放全球金融服务市场协议》。

（2）主要国家的立法努力

美国是电子商务的主导国家。1994 年 1 月，美国宣布国家信息基础设施计划，并于 1997 年 7 月 1 日颁布了《全球电子商务政策框架》，正式形成美国政府系统化电子商务发展政策和立法规划。

美国统一州法全国委员会 1999 年 7 月通过了《统一电子交易法》。2000 年 9 月 29 日美国统一州法全国委员会发布了《统一计算机信息交易法》，并向各州推荐采纳。另外，美国还制定颁布了《国际与国内电子商务签章法》。

1999 年 12 月 4 日，美国公布了世界上第一个 Internet 商务标准。这一标准是由齐夫·戴维斯（Ziff—Davis）传媒公司牵头，组织了 301 位世界著名的 Internet 和 IT 业巨头、相关记者、民间团体、学者等制定的。整个标准分 7 项 47 款，每一款项都注明了是"最低要求"还是"最佳选择"。如果一个销售商宣称自己的网上商店符合这一标准，那它必须达到所有的最低标准。虽然这个标准并不是一个法律文本，但它在很大程度上规范了利用 Internet 从事零售业的网上商店。

许多国家也在立法上对电子商务及时做出了反应，一方面对原有法律进行修订和补充，另一方面针对电子商务产生的新问题制定新的法律。后者的工作最初是从电子签字开始的，即通过立法确认数字签名的法律效力。自美国犹他州 1995 年制定了世界上第一部《数字签名法》后，英国、新加坡、泰国、德国等国也开展了这方面的立法。此后，各国针对电子商务的有关问题，如公司注册、税收、交易安全等都制定了一批单项法律和政策规则。

1.2.2 我国电子商务立法的情况

2000 年 12 月，全国人民代表大会常务委员会（以下简称全国人大常委会）审议通过了关于维护互联网安全的决定；2004 年 8 月通过了《中华人民共和国电子签名法》；2012 年 12 月份，通过了《关于加强网络信息保护的决定》。2010 年，原国家工商行政管理总局发布了《网络商品交易及有关服务行为管理暂行办法》。2014 年，《网络交易管理办法》施行，同时《网络商品交易及有关服务行为管理暂行办法》废止。2021 年，国务院办公厅出台了关于加快电子商务发展的若干意见。商务部、中央网信办和发展改革委联合发布了《"十四五"电子商务发展规划》。

2013 年 12 月 27 日，全国人大常委会召开了《中华人民共和国电子商务法》（以下简称《电子商务法》）起草组第一次会议，正式启动了《电子商务法》的立法进程。

2014 年 11 月 24 日，全国人大常委会召开《电子商务法》起草组第二次全体会议，就电子商务重大问题和立法大纲进行研讨。起草组明确提出，《电子商务法》要以促进发展、规范秩序、维护权益为立法的指导思想。

2016 年 12 月，《中华人民共和国电子商务法（草案）》提请十二届全国人大常委会第二十五次会议审议。草案分总则、电子商务经营主体、电子商务交易与服务、电子商务交易保障、跨境电子商务、监督管理、法律责任和附则，共八个章节九十四条。

2017 年 10 月，十二届全国人大常委会第三十次会议对草案进行了第二次审议；2018 年 6 月，十三届全国人大常委会第三次会议对草案进行了第三次审议；2018 年 8 月 31 日，十三届全国人大常委会第五次会议审议通过了《电子商务法》。

《电子商务法》立法引起了社会的广泛关注，从起草组第一次会议到草案审议通过历时近五年，经全国人大常委会四次审议，三次向社会公开征求意见，各方积极参与、充分讨论，全国人大常委会在立法过程中坚持民主立法、科学立法、依法立法，认真回应社会关切、慎重决策，最终通过的法律凝聚了最广泛的社会共识，可谓来之不易。

1.2.3　电子商务立法的基本问题

电子商务作为一种新的交易方式给人类带来了便捷和利益，但同时人们也不得不面临一些新的问题，如网络知识普及问题、法律问题、税收问题、安全问题、物流问题等。这些问题增加了电子商务开展中的不确定性，造成了人们对电子商务的疑虑，降低了人们参与电子商务的热情，成为电子商务进一步发展的障碍，阻碍了电子商务的顺利开展。

1. 电子商务的安全隐患

（1）篡改

电子的交易信息在网络传输的过程中，可能被他人非法修改、删除或重放（指只能使用一次的信息被多次使用），从而使信息失去了真实性和完整性。

（2）信息破坏

包括网络硬件和软件的问题而导致信息传递的丢失与谬误，以及一些恶意程序的破坏而导致电子商务信息遭到破坏。

（3）身份识别

如果不进行身份识别，第三方就有可能假冒交易一方的身份，以破坏交易、败坏被假冒一方的声誉或盗窃被假冒一方的交易成果等。同时，不进行身份识别，可导致交易的一方不为自己的行为负责任，进行否认，相互欺诈。

（4）信息泄密

主要包括两个方面，即交易双方进行交易的内容被第三方窃取或交易一方提供给另一方使用的文件被第三方非法使用。

2. 电子商务的安全性要求

电子商务的安全性要求可以分为两个方面，一方面是对计算机及网络系统安全的要求，表现为对系统硬件和软件运行的安全性和可靠性的要求、系统抵御非法用户入侵的要求等；另一方面是对电子商务信息安全的要求，即信息的保密性、信息的完整性、信息的不可否认性、交易者身份的真实性、系统的可靠性等。

3. 电子商务的税收问题

由于电子商务具有交易主体的可隐蔽性、有些交易物的无形性、交易地点的不确定性以及交易完成的快捷性等基本特点，使其对传统的税收体制提出了法律上和政策上的挑战。电子商务涉及的税收问题主要有以下几方面：跨境电商的跨境税收问题、电子商务平台的税收问题、电子商务企业的税收问题、电子商务消费者的税收问题、电子商务的转型升级税收问题以及电子商务的税收监管问题。

4. 电子商务的法律问题

电子商务的出现加快了经济全球化的进程，促进了产品、劳务和信息在全球范围的流动。然而通过互联网开展电子商务，面临着一系列的法律问题，如国际民事诉讼、隐私权、电子合同的有效性、电子商务签名的认证、电子商务中知识产权的法律保护等。这些问题是由于电子商务相对于传统交易方式有许多不同之处，原有法律在处理这些新问题时显示出了局限性和不足。

本 章 小 结

本章主要讲述了电子商务的内涵和立法范围，包括电子商务的定义、电子商务的立法范围；还介绍了电子商务立法现状，包括国外电子商务立法现状、我国电子商务立法现状以及电子商务立法的基本问题。

课后练习

一、名词解释

1. 电子商务
2. 电子商务法

二、思考题

1. 简述电子商务立法的基本问题。
2. 上网实验题：请访问中国电子商务法律网，了解我国电子商务的立法情况。

第 2 章
电子商务经营者的法律问题

2.1 我国电子商务经营者现状

2.1.1 电子商务经营者的含义

自 20 世纪 60 年代起，随着专用增值网络（VAN）在发达国家大型企业和海关部门的大量应用，贸易领域开始了以增值网为基础的电子数据交换（EDI）应用时代。EDI 的发展至少经历了 20 多年，其发展和演变的过程已经充分显示了商业领域对其的重视程度。人们将 EDI 称为"无纸交易"，将电子转账称为"无纸付款"，这足以看出 EDI 对商业运作的影响。

20 世纪 90 年代初，万维网（World Wide Web）借助互联网的迅速发展和普及，成为网络的主流；较之价格昂贵、相对封闭的专用增值网，人们纷纷转向基于廉价、开放的万维网的应用。电子商务逐步走近寻常生活中。进入 21 世纪以来，随着移动网络终端普及，基于手机端的电子商务，如微信、美团等逐步兴起，电子商务经营者的准入门槛越来越低，消费者的购物体验越来越好。随着 5G 网络的到来，各种虚拟购物将使电子商务的发展迈入一个全新的阶段。

电子商务在我国的发展非常迅速，曾经由于认知角度的不同，人们对于电子商务经营者的认识存在偏差，有人认为只要是电子商务的参与者，就是电子商务的经营者，如传统市场上的"店家商铺"。也有人认为，在电子商务的整个环节中，可以把它的参与者分为买方、卖方和网络交易中心。网络交易中心在电子商务中扮演着介绍、促成和组织者的角色，这一角色决定了交易中心既不是买方的卖方，也不是卖方的买方，而是交易的中间人。

从电子商务的发展史不难看出，电子商务经营者的发展很大程度上决定着电子商务的发展和应用规模。因为随着电子商务的发展，构建这一电子商务交易平台的电子商务经营者也发生了巨大的变化。对于早前的增值网络时期，电子商务经营者仅仅是提供专线的电信部门和增值网络的服务商。现今随着互联网企业不断涌现以及万维网技术和移动网络技术的广泛应用，电子商务经营者的范围和种类也逐渐增多。

目前，网上交易经营者主要有两类：一类是具有合法经营资质的实体组织（如：公司、个人合伙组织等），另一类是自然人。对于前一类经营者的法律地位依据现有的法律法规比较好界定，而对后一类经营者（以下称网上自然人经营者）在网络交易活动中的法律地位并不是很明确。

2018年8月31日，《电子商务法》经审议在十三届全国人大常委会第五次会议中获得通过，于2019年1月1日起施行。该法在第二章电子商务经营者，第一节一般规定，第九条中规定："本法所称电子商务经营者，是指通过互联网等信息网络从事销售商品或者提供服务的经营活动的自然人、法人和非法人组织，包括电子商务平台经营者、平台内经营者以及通过自建网站、其他网络服务销售商品或者提供服务的电子商务经营者。"

《电子商务法》第十条中专门规定了电子商务经营者办理市场主体登记的不同情形："电子商务经营者应当依法办理市场主体登记。但是，个人销售自产农副产品、家庭手工业产品、个人利用自己的技能从事依法无须取得许可的便民劳务活动和零星小额交易活动，以及依照法律、行政法规不需要进行登记的除外。"

《电子商务法》在第十二条、第十三条中也针对电子商务开展经营活动的行政许可和经营范围的合法边界进行了概括性的规定。

我国在政府积极推动国家信息基础建设（NII）和建设国家信息高速公路及电子政务等全方位的努力之下，互联网的发展一日千里，电子商务的发展也突飞猛进，国内工商业界亦积极推动网络商务环境的建立，各种新的形式层出不穷，例如，依托于抖音、微信等社交软件，以及腾讯视频、爱奇艺视频等视频播放软件销售商品或提供服务。在此过程中，广告、销售、服务多种形式糅合在一起，电子商务的经营者将如何面对现今的各级法律体系，法律又将如何引导、规范电子商务经营者的发展，这都是当前我们关心的重点。

2.1.2 电子商务经营者的法律地位概述

《电子商务法》将电子商务经营者划分为四种类型，分别为电子商务平台经营者、平台内经营者、自建网站经营者以及通过其他网络服务销售商品或提供服务的电子商务经营者。

一是电子商务平台经营者。电子商务平台经营者是指在电子商务中为交易双方或多方提供网络经营场所、交易撮合、信息发布等服务，供交易双方或者多方独立开展交易活动的法人或非法人组织。

二是平台内经营者。平台内经营者是指通过电子商务平台销售商品或提供服务的电子商务经营者。

三是自建网站经营者。自建网站经营者是指通过自建网站，以自营方式向消费者销售商品或者提供服务。该经营者的最显著特征是不依托于第三方电子商务平台开展自营电商业务。

四是通过其他网络服务销售商品或提供服务的电子商务经营者。这是立法中常见的兜底性表述，具有实际意义。例如，依托于抖音、微信、爱奇艺视频等应用程序提供服务。

1. 网络交易中心的法律地位

网络交易中心的设立，根据《中华人民共和国计算机信息网络国际联网管理暂行规定》第九条，必须具备下列条件：

1）是依法设立的企业法人或者事业法人。

2）具有相应的计算机信息网络、装备以及相应的技术人员和管理人员。

3）具有健全的安全保密管理制度和技术保护措施。

4）符合法律和国务院规定的其他条件。

网络交易中心应当认真、负责地执行买卖双方委托的任务，并积极协助双方当事人成交。网络中心在进行介绍、联系活动时要诚实、公正、守信用，不得弄虚作假，招摇撞骗，否则须承担赔偿损失等法律责任。

网络交易中心必须在法律许可的范围内进行活动。网络交易中心经营的业务范围、物品的价格、收费标准等都应严格遵守国家的规定。对明显无支付能力的当事人或尚不确知其具有合法地位的法人，不得为其进行居间活动。

但在有些案例中，委托人的给付义务是否履行，也是不确定的，如淘宝网的"淘宝客"。"淘宝客"是指帮助淘宝卖家推广商品赚取佣金的人（可以是个人或者网站）。只要获取淘宝商品的推广链接，让买家通过推广链接进入淘宝店铺购买商品并确认付款，"淘宝客"就能赚取由卖家支付的佣金，最高佣金达商品成交额的 50%。其法律依据目前只可追溯到居间合同，在居间合同中只有居间人的居间活动达到目的，委托人才负有给付报酬的义务。居间人的活动能否达到目的，委托人与第三人之间的合同能否促成，有着不确定性，不是完全由居间人的意志决定的。

在国际互联网上从事居间活动的网络交易中心还有一个对口管理的问题。按照《中华人民共和国计算机信息系统安全保护条例》第十一条规定，进行国际联网的计算机信息系统，由计算机信息系统的使用单位报省级以上人民政府公安机关备案。拟建立接入网络的单位，应当报经互联单位的主管部门或者主管单位审批；办理审批手续时，应当提供其计算机系统网络的性质、应用范围和主机地址等资料。联网机构必须申请到经过国务院批准的互联网络的接入许可证，并且持有邮电部门核发的电信许可证，才可以面向社会提供网络连入服务。由于网络交易中心提供的服务性质上属于电信增值网络业务，其所提供的服务不是单纯的交易撮合，而是同时在网上提供许多经过特殊处理的信息，故而增加了单纯网络传输的价值。所以，在业务上，网络交易中心还应接受各级网络管理中心的归口管理。

买卖双方之间各自因违约而产生的违约责任风险应由违约方承担，而不应由网络交易中心承担。因买卖双方的责任而产生的对社会第三人（包括广大消费者）的产品质量责任和其他经济（民事）、行政、刑事责任也概不应由网络交易中心承担。

2. 网络虚拟银行的法律地位

在电子商务中，虚拟银行同时扮演着发送银行和接收银行的角色。其基本义务是依照客户的指示，准确、及时地完成电子资金划拨。作为发送银行，在整个资金划拨的传送链中，承担着如约执行资金划拨指示的责任。一旦资金划拨失误或失败，发送银行应向客户进行赔付，除非在免责范围内。如果能够查出是哪个环节的过失，则由过失单位向发送银行进行赔付，如不能查出差错的来源，则整个划拨系统分担损失。作为接收银行，其法律地位似乎较为模糊。一方面，接收银行与其客户的合同要求它妥当地接收所划拨来的资金，也就是说，它一旦接到发送银行传送来的资金划拨指示，便应立即履行其义务。如有延误或失误，则应依接收银行自身与客户的合同处理。另一方面，资金划拨中发送银行与接收银行一般都是某一电子资金划拨系统的成员，相互负有合同义务，如果接收银行未能妥当执行资金划拨指示，则应同时对发送银行和受让人负责。

在实践中，电子资金划拨时常常出现因过失或欺诈致使资金划拨失误或迟延的现象。如系过失所致，自然适用于过错归责原则；如系欺诈所致，且虚拟银行安全程序在电子商务上是合理可靠的，则名义发送人需对支付命令承担责任。

银行承担责任的形式通常有三种：

（1）返回资金，支付利息

如果资金划拨未能及时完成，或者到位资金未能及时通知网络交易客户，虚拟银行有义务返还客户资金，并支付从原定支付日到返还当日的利息。

（2）补足差额，偿还余额

如果接收银行到位的资金金额小于支付指示所载数量，则接收银行有义务补足差额；如果接收银行到位的资金金额大于支付指示所载数量，则接收银行有权依照法律提供的其他方式从收益人处得到偿还。

（3）偿还汇率波动导致的损失

在国际贸易中，由于虚拟银行的失误造成的汇率损失，网络交易客户有权就此向虚拟银行提出索赔，而且可以在本应进行汇兑之日和实际汇兑之日之间选择对自己有利的汇率。

3. 认证机构的法律地位

认证机构（Certificate Authority，CA）扮演着一个买卖双方签约、履约的监督管理角色，买卖双方有义务接受认证机构的监督管理。在整个电子商务交易过程中，包括电子支付过程中，认证机构都有着不可替代的地位和作用。

　　在网络交易的撮合过程中，认证机构是提供身份验证的第三方机构，是由一个或多个用户信任的、具有权威性质的组织实体。它不仅要对进行网络交易的买卖双方负责，还要对整个电子商务的交易秩序负责。因此，这是一个十分重要的机构，往往带有半官方的性质。

　　在采用公开密钥的电子商务系统中，对文件进行加密传输的过程包括六个步骤：

　　第一步，买方从虚拟市场上寻找到欲购买的商品，确定需要联系的卖方，并从认证机构获得卖方的公开密钥。

　　第二步，买方生成一个自己的私有密钥，并用从认证机构得到的卖方的公开密钥对自己的私有密钥进行加密，然后通过网络传输给卖方。

　　第三步，卖方用自己的公开密钥进行解密后，得到买方的私有密钥。

　　第四步，买方对需要传输的文件用自己的私有密钥进行加密，然后通过网络把加密后的文件传输到卖方。

　　第五步，卖方用买方的私有密钥对文件进行解密，得到文件的明文形式。

　　第六步，卖方重复上述步骤向买方传输文件，实现相互沟通。

　　在上述过程中，只有卖方和认证机构才拥有卖方的公开密钥，或者说，只有买方和认证机构才拥有买方的公开密钥，所以，即使其他人得到了经过加密的买卖双方的私有密钥，也因为无法进行解密而保证了私有密钥的安全性，从而也保证了传输文件的安全性。

　　公开密钥系统在电子商务文件的传输中实现了两次加密解密过程：密钥的加密和解密与文件本身的加密和解密，买卖双方的相互认证是通过认证机构提供的公开密钥来实现的。在实际交易时，认证机构需要向咨询方提交一个由认证机构签发的包括个人身份信息的证书，持卡人证书、商家证书、账户认证、支付网关证书、发卡机构证书等多项内容的电子证书，使交易双方彼此相信对方的身份。顾客向认证机构申请证书时，可提交自己的驾驶执照、身份证或护照，经验证后，颁发证书，证书包含了顾客的名字和他的公开密钥，以此作为网上证明自己身份的依据。

　　这种认证过程同样可以运用在电子支付过程中。

　　在电子支付过程中，持卡人要付款给商家，但持卡人无法确定商家是有信誉的而不是冒充的，于是持卡人请求认证机构对商家认证，认证机构对商家进行调查、验证和鉴别后，将包含商家公开密钥的证书传给持卡人。同样，商家也可对持卡人进行验证。证书一般包含拥有者的标识名称和公钥，并且由认证机构进行过数字签字。

　　电子商务认证机构的法律地位，现行的法律中尚无涉及。许多部门都想设立一个这样的机构，毕竟，这样一个机构对于买卖双方来说都是非常重要的。例如，工商行政管理部门是一个综合性的经济管理部门，在日常管理工作中直接掌握着各类企业和个体工商户的登记档案及商标注册信息、交易行为信息、合同仲裁、动产抵押、案件查处、广告经营、消费者权益保护等信息，可以从多个方面反映电子商务参与者的信用情况。工商行政管理部门拥有全国最权威的经济主体数据库、覆盖面最广的市场信息数据库、最准确的商标数据库、最广泛的消费者保护网络。依靠这些数据库，可以很好地完成电子商务认证机构的各项任务。因此，可以在工商部门设立一个认证中心。

隶属于国家工商行政管理部门的电子商务认证机构的功能主要有：接收个人或法人的登记请求，审查、批准或拒绝请求，保存登记者登记档案信息和公开密钥，颁发电子证书等。

电子商务认证机构对登记者履行下列监督管理职责：

1）监督登记者按照规定办理登记、变更、注销手续。

2）监督登记者按照电子商务的有关法律法规合法从事经营活动。

3）制止和查处登记人的违法交易活动，保护交易人的合法权益。

登记者有下列情况之一的，认证机构可以根据情况分别给予警告、报告国家工商行政管理部门、撤销登记的处罚：

1）登记中隐瞒真实情况，弄虚作假的。

2）登记后非法侵入机构的计算机系统，擅自改变主要登记事项的。

3）不按照规定办理注销登记或不按照规定保送年检报告书，办理年检的。

4）利用认证机构提供的电子证书从事非法经营活动的。

2.1.3 我国电子商务经营者的分类及现状

《电子商务法》第九条规定："本法所称电子商务经营者，是指通过互联网等信息网络从事销售商品或者提供服务的经营活动的自然人、法人和非法人组织，包括电子商务平台经营者、平台内经营者以及通过自建网站、其他网络服务销售商品或者提供服务的电子商务经营者。"我国的电子商务经营者种类繁多，有时甚至难以划分。但是根据电子商务自身的特点，电子商务经营者必须在电信业务的基础上开展自己的商务活动。

根据《中华人民共和国电信条例》（2016年2月第二次修订）的规定，利用有线、无线的电磁系统或者光电系统，传送、发射或者接收语音、文字、数据、图像以及其他任何形式信息的活动都属于"电信"范畴。电信业务分为基础电信业务和增值电信业务。

基础电信业务，是指提供公共网络基础、公共数据传送和基本语音通信服务的业务，包括互联网及其他公共数据传送业务，带宽、波长、光纤、光缆及其他网络元素出租、出售业务，网络承载、接入及网络外包业务等。

增值电信业务，是指利用公共网络基础设施提供的电信与信息服务的业务，包括电子邮件、语音信箱、在线信息库存储和检索、电子数据交换、在线数据处理与交易处理、增值传真、互联网接入服务、互联网信息服务和可视电话会议服务。

对从事电子商务经营的或与之相关的企业可作如下大致分类：

（1）网络服务提供商（Internet Service Provider，ISP）

ISP 为用户提供全部网络服务，在实际生活中它常常与 ICP 相融合。如国内几个门户网站——搜狐、网易等。

（2）网络接入服务商（Internet Access Provider，IAP）

IAP 为用户接入互联网服务。这些公司以网络接驳业务为基础服务项目，同时提供各类网络功能来实现服务。其主要业务包括个人用户接入服务、企业上网服务、域名注册服务、主机托管服务、硬盘出租服务等。

（3）网络内容提供商（Internet Content Provider，ICP）

ICP 指通过互联网向上网用户有偿提供信息和增值业务等服务活动。它们主要通过其建立的网上站点向用户提供各类信息，如新闻、科技知识、各行业信息、旅游咨询等，随着互联网技术的发展，ICP 提供服务的形式也越来越多样，与用户更为贴切。

（4）网上媒体提供商（Internet Media Provider，IMP）

现今的媒体概念并不仅仅局限于以前的电视、报纸杂志、电台三大类。互联网已成为第四大媒体，也是现今最具发展潜力的媒体。依托于互联网，针对网络这一媒体的运作商也应运而生。

（5）网络设备提供商（Internet Equipment Provider，IEP）

IEP 主要是生产网络接入设备。如：交换器、路由器、集线器、网卡、网卡终端等硬件设备。IEP 是网络环境的所有硬件提供者。

（6）网络平台提供商（Internet Presence Provider，IPP）

对于企业来说，IPP 提供网络平台的搭建，使企业在接驳互联网时可自身形成一个网络体系（局域网）。对于个体用户来说，IPP 为其提供上网场所，如网吧。

（7）应用服务提供商（Application Service Provider，ASP）

ASP 在互联网上提供各种应用服务。

（8）在线服务提供商（Online Service Provider，OSP）

OSP 在互联网上为企业或者用户实时地提供各种服务，如咨询、技术支持甚至是在线销售。

在实际生活中，很难把某一电子商务经营者单纯地划入某一分类，因为在实际生活中它们往往是互相交叉融合的，如 ISP 与 ICP，IAP 与 IEP，IMP 与 ASP、OSP 等。

目前，在国内从事电子商务的企业基本可以分为两类：一类是网络服务公司在提供网络内容服务的过程中，随着知名度的扩大，开始涉及一些电子商务的业务，如网络销售和网上预订等；这类公司在从事电子商务时，需要自己去组织货源和销售，这些商品或服务的质地统一，不易产生分歧。另一类是公司通过收购网站或者通过新建的网站来改造销售体系，主要是一些商场和医药企业。

2.2 我国电子商务经营者的管理问题

2.2.1 我国对电信市场的管理

电子商务的发展是建立在基础电信业务上的，基础电信业务为电子商务的发展提供了公共网络基础、公共数据传送和基本语音通信服务等业务。要加强电子商务的立法工作不可忽视的一面就是加强对国内电信市场的管理。

我国在 2000 年 9 月 25 日公布了《中华人民共和国电信条例》（以下简称《电信条例》），根据 2014 年 7 月 29 日《国务院关于修改部分行政法规的决定》（国务院令第 653 号）第一次修订，根据 2016 年 2 月 6 日《国务院关于修改部分行政法规的决定》（国务院令第 666 号）第二次修订。它是我国电信管理的一部重要法规。

我国对电信业务经营实行许可制度。经营电信业务，必须经过国务院信息产业主管部门或各省、自治区、直辖市电信管理机构的严格审查并批准颁发电信业务经营许可证。任何未取得电信业务经营许可证的组织或者个人从事电信业务经营活动都属非法活动。

2022 年 3 月 29 日，国务院发布了《外商投资电信企业管理规定》的修订版，其中最重要的一点是整合简化了外商投资企业《电信业务经营许可证》的申办流程。修改后的流程为：外商投资电信企业，经依法办理市场主体登记后，向国务院工业和信息化主管部门申请电信业务经营许可并报送相关申报文件。

我国电信业务分为基础电信业务和增值电信业务，《电信条例》所附的《电信业务分类目录》列出了电信业务分类的具体划分。

1. 基础电信业务经营许可

（1）基础电信业务

1）固定网络国内长途及本地电话业务。

2）移动网络电话和数据业务。

3）卫星通信及卫星移动通信业务。

4）互联网及其他公共数据传送业务。

5）宽带、波长、光纤、光缆、管道及其他网络元素出租、出售业务。

6）网络承载、接入及网络外包等业务。

7）国际通信基础设施、国际电信业务。

8）无线寻呼业务。

9）转售的基础电信业务。

（2）经营基础电信业务应具备的条件

1）经营者依法设立的专门从事基础电信业务的公司，且我国投资者在企业中的出资比例不少于51%。

2）可行性研究报告和组网技术方案。

3）有与从事经营活动相适应的资金和专业人员。

4）有从事经营活动的场地及相应的资源。

5）有为用户提供长期服务的信誉或者能力。

6）国家规定的其他条件。

2. 增值电信业务经营许可

（1）增值电信业务的内容

1）电子邮件。

2）语音信箱。

3）在线信息库存储和检索。

4）电子数据交换。

5）在线数据处理与交易处理。

6）增值传真。

7）互联网接入服务。

8）互联网信息服务。

9）可视电话会议服务。

（2）经营增值电信业务应具备的条件

1）经营者为依法设立的公司。

2）有与开展经营活动相适应的资金和专业人员。

3）有为用户提供长期服务的信誉和能力。

4）国家规定的其他条件。

在电子商务飞速发展的今天，它依托的其实是网络技术的飞速发展。既然电子商务的一大特点是没有时空、地域和国界的限制，那么国际网络的互通就显得十分必要了。互联网的出现很好地解决了这一问题。

2.2.2　我国对电子商务经营者的管理

1. 对网络服务提供商（ISP）的管理

我国互联网络分为两类：一类是经营性互联网络，包括中国公用计算机互联网、中国金桥信息网，由工业和信息化部管理；另一类是不以营利为目的的公益性互联网，如由教育部管理的中国教育和科研计算机网。

（1）互联网接入单位的条件

从事国际联网经营活动的和从事非经营活动的接入单位应具备以下条件：

1）是依法设立的企业法人或者事业法人。

2）具有相应的计算机信息网络、装备及相应的技术人员和管理人员。

3）具有健全的安全保密管理制度和技术保护措施。

4）符合法律和国务院规定的其他条件。

（2）互联网接入单位的许可

从事国际联网经营活动的接入单位，实行国际联网经营许可证制度。经营性接入单位凭许可证到国家工商行政管理机关办理登记注册手续，向提供电信服务的企业办理所需通信线路手续。目前经营性 ISP 类型实体，一般设立为有限责任公司。

2. 对网络内容提供商（ICP）的管理

我国于 2000 年 9 月 25 日公布实施了《互联网信息服务管理办法》，根据 2011 年 1 月 8 日国务院令第 588 号公布的《国务院关于废止和修改部分行政法规的决定》修订。

（1）《互联网信息服务管理办法》的规定

根据 2011 年 1 月新修订的《互联网信息服务管理办法》（以下简称《管理办法》）中第六条规定：从事经营性互联网信息服务，除应当符合《中华人民共和国电信条例》规定的要求外，还应当具备下列条件：

1）有业务发展计划及相关技术方案。

2）有健全的网络与信息安全保障措施，包括网站安全保障措施、信息安全保密管理制度、用户信息安全管理制度。

3）服务项目属于本办法第五条规定范围的，已取得有关主管部门同意的文件。

根据该办法第八条的规定：从事非经营性互联网信息服务，应当向省、自治区、直辖市电信管理机构或者国务院信息产业主管部门办理备案手续。办理备案时，应当提交下列材料：

1）主办单位和网站负责人的基本情况。

2）网站网址和服务项目。

3）服务项目属于本办法第五条规定范围的，已取得有关主管部门的同意文件。

国家对经营性互联网信息服务实行许可制度；对非经营性互联网信息服务实行备案制度。未取得许可证或者未履行备案手续的，不得从事互联网信息服务。

该办法第十五条规定：互联网信息服务提供者不得制作、复制、发布、传播含有下列内容的信息：

1）反对宪法所确定的基本原则的。

2）危害国家安全，泄露国家秘密，颠覆国家政权，破坏国家统一的。

3）损害国家荣誉和利益的。

4）煽动民族仇恨、民族歧视，破坏民族团结的。

5）破坏国家宗教政策，宣扬邪教和封建迷信的。

6）散布谣言，扰乱社会秩序，破坏社会稳定的。

7）散布淫秽、色情、赌博、暴力、凶杀、恐怖或者教唆犯罪的。

8）侮辱或者诽谤他人，侵害他人合法权益的。

9）含有法律、行政法规禁止的其他内容的。

（2）ICP 管理中的难题

尽管我国对 ICP 有上述管理依据，但是实际中很难对每一个 ICP 实施监管。公安部逐步推进定期清查网络环境，以加强对 ICP 的管理和监督。但是因为网络的互联性，国内用户能很容易地访问国外的 ICP 站点，这也在一定程度上加大了对 ICP 管理的难度。现在，国内政府网站推出了网上举报方式，方便网络用户发现不法网站后能及时举报。

3. 对互联网上网服务商的管理

我国于 2001 年 4 月 3 日颁布并实施了《互联网上网服务营业场所管理条例》，根据 2011 年 1 月 8 日《国务院关于废止和修改部分行政法规的决定》（国务院令第 588 号）第一次修订，根据 2016 年 2 月 6 日《国务院关于修改部分行政法规的决定》（国务院令第 666 号）第二次修订，2019 年 3 月 24 日，进行第三次修订，根据 2022 年 3 月 29 日《国务院关于修改和废止部分行政法规的决定》进行第四次修订。

该条例成为规范上网服务商的法律依据。根据该条例，所谓互联网上网服务营业场所，是指通过计算机与因特网联网向公众提供因特网上网服务的营业性场所（包括"网吧"提供的上网服务）。申请开办互联网上网服务营业场所，应当具备与开展营业活动相适应的安全可靠、安全设施齐备的营业场地，有与开展营业活动相适应的计算机及附属设备，有专业技术人员和专业技术支持，健全完善的网络信息安全管理制度，有相应的网络安全技术措施，有专业或者兼职的网络信息安全管理人员，其经营管理、安全管理人员经过有关主管部门组织的安全培训等。

最新修订的条例，新增第三十二条："公安机关应当自互联网上网服务营业场所经营单位正式开展经营活动 20 个工作日内，对其依法履行信息网络安全职责情况进行实地检查。检查发现互联网上网服务营业场所经营单位未履行承诺的信息网络安全责任的，由公安机关给予警告，可以并处 15000 元以下罚款；情节严重的，责令停业整顿，直至由文化行政部门吊销《网络文化经营许可证》。"

4. 对电子商务企业的管理

（1）电子商务企业的类型

当今的电子商务企业，按照产品线的宽度和深度的不同，其商业模式可以划分为以下几种：

1）垂直型网站。垂直型网站是只提供某一类产品及其相关产品（互补产品）的一系列服务（广告、网上拍卖、网上交易等）的网站。该类网站的优势在于产品的互补性和购物的便捷性，顾客在这一类网站中可以实现一步到位的采购。

2）专业网站。专业网站是指只能提供某一类产品的最优产品的网站，类似于专卖店，其优势在于提供高档优质廉价的产品。对于这一类网站而言，提供品质优良、价格合理、品牌知名度大的产品比网站本身的维护更重要。

3）水平型网站。水平型网站是指致力于某一类产品的网上经营的网站，类似于网上购物中心或网上超市，其优势在于其产品的丰富，顾客在这类网站上不仅可以买到自己所能接受的价格水平的商品，而且可以很容易实现"货比三家"；其不足在于深度和产品配套性的欠缺。

4）公司网站。公司网站是指以销售本公司产品或服务为主的网站，相当于公司的"网上店面"。除少数品牌知名度极高、市场份额大的公司外，该类站点发展空间非常有限。现在很多公司都有本公司的网站，其作用多用于企业形象的宣传。

（2）对电子商务企业管理

在目前电子商务的发展过程中，给企业以更大的活动范围已成国际上的共识。究竟应如何掌握尺度，既为电子商务的发展创造良好的环境与空间，又不致引起无序的发展，造成混乱与危害，是需要讨论的问题。

合理地对网上商店进行监管是十分必要的，这不仅是为了保护消费者的利益，也是对电子商务产业发展的一种有效的保护。

2021年7月27日，《中华人民共和国市场主体登记管理条例》，第十一条规定：市场主体只能登记一个住所或者主要经营场所。电子商务平台内的自然人经营者可以根据国家有关规定，将电子商务平台提供的网络经营场所作为经营场所。

2016年7月，《广东省市场监管条例》审议通过，条例中明确了电子商务经营者应当接受身份核实，经实名登记、备案后从事经营，遵守依法认可的有关网络身份标识的行业规范；互联网网站或者其他网络平台经营者、认证机构及其他交易或者结算等中间服务机构，应当对其用户或者其他终端使用者进行身份识别，并接受市场监管部门依法监管。

对电子商务领域交易行为和电子商务平台，《广东省市场监管条例》规定市场监管部门应当加强监管。一方面，推行网络经营者身份标识制度，完善网店实名制和交易信用评价制度，加强网上支付安全保障，严厉打击电子商务领域违法失信行为；另一方面，查处违法经营的网店。需要采取措施制止违法网站继续从事违法活动的，市场监管部门应当提请网站许可地通信管理部门依法责令暂时屏蔽或者停止该违法网站接入服务。

根据 2000 年 3 月《北京市工商行政管理局网上经营行为登记备案的通告》规定，凡是利用互联网从事经营活动，即网上交易、发布经营性广告、进行经营性形象设计、产品宣传以及专业从事互联网接入业务、网络技术服务、电子商务、信息源提供服务等以营利为目的活动的，均应通过 HD315 网站，向原北京市工商行政管理局（现为北京市市场监督管理局）申请网站经营行为登记备案。2000 年 10 月，原北京市工商行政管理局又公布了专门针对具有独立域名、从事网络信息广告发布、开展电子商务网站的《北京市工商行政管理局经营性网站备案登记管理暂行办法》。2000 年 11 月，北京市通信管理局根据《电信条例》和《互联网信息服务管理办法》，公布了《关于互联网信息服务业务办理经营许可和备案有关问题的通告》，规定对利用网上广告、代做网页、出租服务器内存空间、主机托管、提供有偿特定信息、电子商务等经营行为的经营性 ICP 实行许可证制度，对非经营性 ICP 实行备案制度。

《北京市市场监督管理局关于试行开展支持平台经济发展优化电子商务经营者登记管理工作的通知》于 2023 年 3 月发布。北京市市场监督管理局创新提出支持个体电商通过地址变更方式拓展线下经营渠道，支持个体电商采用"一照多址"方式记载多经营场所信息，支持个体电商通过"个转企"方式实现向现代企业制度的转换等三项举措。这三项举措为全国首创性政策。

2.3　电子商务经营者的责任

2.3.1　网络服务提供商（ISP）和网络内容提供商（ICP）的责任

由于网络服务提供商（ISP）与被接入的其他网络内容提供商（ICP）和各类电子商务企业关系密切，因而在法律责任上，ISP 不仅要承担独立责任，还可能与 ICP 或其他侵权用户承担连带责任。与其所负担的业务相联系，ISP 所承担的责任内容不仅有侵权责任，还有服务质量责任。而 ICP 承担的主要是因上载信息引起的侵权责任。

1. ICP 的侵权责任

侵权责任又分为直接侵权责任和间接侵权责任（主要是著作权侵权责任）。所谓直接侵权责任，就是由于直接从事了侵权行为所应承担的责任，这种责任的承担是不以行为人主观上是否有过错为前提的。

间接侵权责任的承担，主要是由于侵权人的行为是其他侵权行为的继续或是为其他侵权行为提供了条件等。网络用户可能会有这种感觉，永远也搞不清楚谁在盗版谁，但是当发生网络侵权时，往往这些行为将负连带责任。

对于 ICP 而言，其主要承担版权侵权责任。若侵权内容是由其自己上载，则其承担直接的侵权责任；对于由他人提供部分内容的 ICP，就这一部分内容，在一定的情况下，适用间接侵权责任。

我国自 2000 年 12 月 21 日起实行的《最高人民法院关于审理涉及计算机网络著作权纠纷案件适用法律若干问题的解释》中对 ICP 的责任做出了明确的规定。提供内容服务的 ICP，明知网络用户通过网络实施侵犯他人著作权的行为，或者经著作权人提出确有证据的警告，但仍不采取移除侵权内容等措施以消除侵权后果的，人民法院应当根据《中华人民共和国民法典》（以下简称《民法典》）（原《中华人民共和国民法通则》于 2021 年 1 月 1 日废止）中的规定，追究其与该网络用户的共同侵权责任。同时，著作权人发现侵权信息向网络服务提供者提出警告或者索要侵权行为人网络注册资料时，不能出示身份证明、著作权权属证明及侵权情况证明的，视为未提出警告或未提出索要请求。著作权人出示上述证明后，ICP 仍不采取措施的，可以在提起诉讼时申请人民法院先行裁定停止侵害、排除妨碍、消除影响，人民法院应予准许。ICP 经著作权人提出确有证据的警告而采取移除被控侵权内容等措施，被控侵权人要求 ICP 承担违约责任的，人民法院不予支持。著作权人指控侵权不实，被控侵权人因 ICP 采取措施遭受损失而请求赔偿的，人民法院应当判令由提出警告的人承担赔偿责任。

2. ISP 的服务质量责任

ISP 提供的不是一般的商品，而是服务，其服务质量的好坏，直接影响到了网络用户的利益。我国已经出现了用户针对 ISP 服务质量纠纷的案件。依据《中华人民共和国消费者权益保护法》（以下简称《消费者权益保护法》），经营者对可能危及人身、财产安全的商品和服务，应当向消费者做出真实的说明和明确的警示。例如，国内的短信业务曾经非常火热，但消费者时常遭遇收费陷阱，消费者一旦陷入将白白支付大量费用。

在电子商务的发展越来越表现出由"商务"向"服务"转变的今天，ISP 的任务也不仅仅是负责提供接入或信息等，更重要的是为用户上网提供服务和良好的环境。这对规范 ISP 的服务具有特殊的意义。

2.3.2 电子商务企业的责任

电子商务企业是纯粹的电子商务的经营者，不同的电子商务企业有不同的经营模式，它们要么是以提供在线交易平台作为经营方式，要么是以网站作为在线交易的途径，要么两者兼而有之。在网络交易中，用户由于在电子商务企业的网站买到假货，而要求网络商家承担责任的事件时有发生。对此，应当区别电子商务企业的经营模式以便确认不同的责任。

第一，网站是交易当事人的，应当对所交易的行为负责。即如果正是网站自己与客户进行了交易，则网站应当对客户承担责任。

第二，网站是交易平台的提供者，若在其能力范围内，履行了合理的注意义务和披露义务，则对他人利用其交易平台提供违反国家规定的商品的行为不承担责任。反之，若明知他人利用其交易平台提供的是违法的商品，则应承担责任。因为网络交易平台提供者，仅是交易的参与人，而不是交易当事人。只要其向交易另一方披露了提供产品的一方的真实情况，对提供的商品进行了合理的注意，网站就不用承担责任。换句话说，网站的注意义务是有限的，网站无法保证其所提供的所有商品的真实性。而其承担责任的前提条件则是对违法商品及其提供者的"明知"。

案例与分析

案例一：网络零售的灰色地带

北京某高校大三学生王某在某网站交易平台上开店销售服装等商品。两个月内，王某从各服装批发市场以 40 ~ 50 元不等的价格购进 20 余件服装，再以 120 ~ 130 元转手在网上商店出售，前后共挣得 1500 元。经举报，北京市西城区市场监督管理局的工作人员找到王某，通过调查取证，认定其行为属非法经营行为，并依法对其进行了行政处罚。该局工作人员表示，根据我国现行的法律规定，任何人或组织必须在经过工商行政管理机关核准登记注册，取得营业执照后才能从事经营活动。因此，王某在网上无照"开店"的行为与街边无照摊商的行为性质上是相同的，都要负行政责任。

案例二：网上销售的工商登记

深圳网民姚先生大学学的是计算机专业，毕业后在深圳创业，平时有自己的工作。2019 年 4 月，他根据自己的特长在某网站开了一家网上店铺，主要是利用业余时间在网上卖点计算机零配件之类的小商品，有 4000 多元的营业额。7 月 12 日，姚先生家来了三位深圳市市场监督管理局宝安分局的工作人员，他们认为姚先生无照经营网上购物店，扣押了姚先生用于网上经营的计算机、打印机、传真机等物品，并通知姚先生要缴罚款 5000元。像姚先生这样网上开店没办营业执照的情况该如何处理？工作人员解释说，按照国务院颁布的《无证无照经营查处办法》，如果从事经营行为，批发商品并销售，就需要登记，应该办理营业执照。他们就是根据这个规定对姚先生进行处罚的。

分析：

类似的案件还有很多，在现实的行政执法活动中，工商行政管理机关和税务机关往往将这些网上自然人经营者以无照经营和偷逃税款为由予以处罚，把他们看作是应当进行核准登记的个体工商户，将其纳入到工商行政管理的范围之内，作为工商行政管理关系的行政相对人。根据《无证无照经营查处办法》第二条："任何单位或者个人不得违反法律、法规、国务院决定的规定，从事无证无照经营。"第三条："下列经营活动，不属于无证无照经营：（一）在县级以上地方人民政府指定的场所和时间，销售农副产品、日常生活用品，或者个人利用自己的技能从事依法无须取得许可的便民劳务活动；（二）依照法律、行政法规、国务院决定的规定，从事无须取得许可或者办理注册登记的经营活动。"

由此可见，必须有法律、法规明确规定的情况下才可以认定是否属于"无照经营"，是否应当进行工商营业核准登记。可是，在我国目前现有的法律框架内却找不到相应的法律依据给予足够支持，所以不宜将依托互联网从事交易活动的网上自然人经营者认定为无照经营的个体工商户，要求其按照现有的法律、法规进行工商营业核准登记，理由如下：

《民法典》第五十四条规定："自然人从事工商业经营，经依法登记，为个体工商户。个体工商户可以起字号。"

本 章 小 结

本章主要讲述了我国电子商务经营者现状，包括电子商务经营者的含义演化、电子商务经营者的法律地位概述、我国电子商务经营者的分类及现状；介绍了我国电子商务经营者的管理问题，包括我国对电信市场的管理、我国对电子商务经营者的管理。与此同时，本章还讲述了电子商务经营者的责任，包括 ISP 和 ICP 的责任，电子商务企业的责任。

课后练习

一、名词解释

1. 电子商务经营者
2. 垂直型网站
3. 专业网站
4. 水平型网站
5. 公司网站

二、思考题

1. 分析当前主流网络购物网站中卖家的法律地位的问题。
2. 电子商务中的行政责任有哪些？
3. 对于现在"网红"在各类网络平台中的搭售行为，分析相关方的法律责任主体。

第3章
电子商务与合同法律

3.1 电子商务交易及电子合同

3.1.1 合同的含义

合同是一个在人们生活中经常接触的概念。由于文化传统的不同，大陆法系和英美法系对合同的含义一直有不同的理解。在大陆法系中，合同被认为是一种意思表示一致的协议，即合意。在英美法系中，合同被认为是受法律保护的允诺。我国在合同的概念上，将合同理解为一种合意。

《民法典》自2021年1月1日起施行，原《合同法》被编入《民法典》，并进行了相应的修改、新增。《民法典》规定合同是指民事主体之间设立、变更、终止民事法律关系的协议。其中为了满足电子商务和数字经济快速发展的需要，合同编对电子合同订立、履行的特殊规则作了规定。

3.1.2 电子合同的概念和特征

电子商务是在电子虚拟市场上进行的各种经济活动的总称，电子商务的出现也产生了新的合同形式。电子合同是电子商务活动中基本的契约形式，契约是保障当事人各方权利义务的有效方式。《电子商务法》第三章电子商务合同的订立与履行，第四十七条规定："电子商务当事人订立和履行合同，适用本章和《中华人民共和国民法总则》《中华人民共和国合同法》《中华人民共和国电子签名法》等法律的规定。"[⊖]

合同是当事人双方意思表示一致的协议。如果这种意思表示是运用电子通信手段做出的（如电子计算机、发报机、电传机、传真机等），这一协议就可以叫作电子合同。《民法典》第三编合同和《联合国国际贸易法委员会电子商务示范法》（以下简称联合国的《电子商务示范法》）的数据电文合同，其基本含义是一样的。

⊖ 《电子商务法》施行于2019年1月1日，其中提到的《中华人民共和国民法总则》《中华人民共和国合同法》已于2021年1月1日《中华人民共和国民法典》施行日起废止。

电子合同的概念有广义、狭义之分。广义的合同包括一切用现代电子通信技术手段达成的合同。《民法典》第三编合同规定，数据电文形式的合同包括电报、电传、传真、电子数据交换和电子邮件等。联合国的《电子商务示范法》为了尽量扩大适用范围，规定"数据电文"系指由电子手段、光学手段或类似手段生成、储存或传递的信息，这些手段包括但不限于电子数据交换、电子邮件、电报、电传、传真。因而广义的电子合同的概念不能反映因电子计算机联网技术的迅速发展而产生的"无纸化"合同的特点。狭义的电子合同是指利用不同的计算机之间生成、传递、储存信息而达成的合同，包括电子数据交换和电子邮件两种。

电子合同作为一种新型的合同，除了具有传统合同的一些特征外，还具有以下一些特征。

1. 合同的要约和承诺均通过互联网进行

在传统的合同订立过程中，当事人一般面对面地提出要约或接受要约；或者通过信件、电报、电话、电传和传真等方式发出要约，做出承诺。而电子合同则不同，它的要约、承诺均是合同双方当事人通过电子数据的传递来完成的——一方电子数据的发出（输入）即为要约，另一方电子数据的回送（回执）即为承诺；并且，由于电子数据交换在功能上具有自动审单判断的功能，因此，合同的订立过程几乎完全在计算机的操作下完成，不需要也不存在传统意义上的协商过程。

2. 合同的传递通过互联网进行

在传统的合同订立、变更过程中，合同的传递一般由双方当事人见面来完成，通过邮寄、电报传递只是其不常用的补充。而电子合同则不然，它的传递完全在互联网的用户终端之间，这就是说，电子合同的传递也仅是互联网的电子传递，完全不同于传统的合同传递方式。

3. 合同的成立、变更和解除不需采用传统的书面形式

传统的合同成立，除即时清结的以外，必须用书面合同。电子合同的成立、变更或解除，均不需要传统的书面形式。由于电子合同是采用电子数据交换的方法签订合同的，合同的内容可以储存在计算机的硬盘中，也可以储存在其他接收者选择的非纸张的中介物上，如磁带、光盘等。作为国际上诞生的第一个正式的世界范围的电子数据交换法案，联合国的《电子商务示范法》第六条规定：如法律要求信息必须采用书面形式，则假若一项数据电文所含信息可以调取以备日后查用，即满足了该项要求。《民法典》第三编合同为了适应电子合同这一新情况，采用了类似的规定。该法将电子数据交换作为书面形式的一种，这就使得电子合同符合《民法典》第三编合同的要求，受到《民法典》的规范和保护。

2018年4月，中国互联网金融协会发布《互联网金融个体网络借贷电子合同安全规

范》，从内容上看，主要分为电子签名合法性要求、电子合同订立、电子合同存储和司法举证要求四个部分，对互联网金融领域中个体网络借贷合同的电子签名的合法性，及电子合同订立、存储、举证，做出了进一步详细的规定。

2018 年 6 月，杭州互联网法院对一起侵害作品信息网络传播权纠纷案进行公开宣判，首次对采用区块链技术存证的电子数据的法律效力予以确认，并明确了区块链电子存证的审查判断方法。

4. 合同的成立不需经过传统的签字

不论是国内贸易，还是国际贸易，传统的合同要成立，都必须有签字（签名或盖章）。但在电子合同中，只需要贸易双方采用电子密码"签名"即可。这种电子签名的方法，不仅成为电子合同成立的特征，而且获得了国际社会越来越广泛的认可。如《联合国海上货物运输公约》（简称《汉堡规则》）第十四条规定："提单上的签字可以用手写、印摹、打孔、盖章、符号或依照提单签发地所在国家的法律，用任何其他机械的或电子的方法。"

《中华人民共和国电子签名法》第十四条规定：可靠的电子签名与手写签名或者盖章具有同等的法律效力。

虽然电子签名在各行各业都有所涉及，但是《中华人民共和国电子签名法》第三条明确规定，涉及以下行业不适用电子签名：

- 涉及婚姻、收养、继承等人身关系的；
- 涉及土地、房屋等不动产权益转让的；
- 涉及停止供水、供热、供气、供电等公用事业服务的；
- 法律、行政法规规定的不适用电子文书的其他情形。

备注：2019 年 4 月 23 日第十三届全国人民代表大会常务委员会第十次会议做出决定，对《中华人民共和国电子签名法》做出修改，取消"涉及土地、房屋等不动产权益转让的禁止使用电子签名约定。"

5. 网络合同的新形式

2008 年国际金融危机爆发以后，一股海外代购风潮不知不觉地在国内兴起。很多人没有走出国门，却通过代购商家和个人，采购到因为人民币汇率提升而变相打折的进口商品。有关法律人士提醒消费者，私人代购存在消费风险，消费者买来问题产品维权不易。私人代购还有可能会因涉嫌逃避关税而承担其他法律责任。

海外代购虽然节约了交易成本，给消费者带来了实惠，但由此引发的"代购"纠纷也不可不防。首先，由于提供"代购"的网站、论坛等仅是一个接触平台，消费者对代购方的真实名称、身份、地址等并不了解，也难以调查核实，很多消费者采用先付款后收货的方式进行交易，容易发生货物丢失、损坏或规格不符等现象，一旦发生权益争议，消费者维权可能会遇到很多障碍。其次，很多消费者没有索要和保管发票的习惯，在很大程度上加大了维权的难度。另外，由于《中华人民共和国海关法》等法律规定，因私人生活需要的货物在过境时有一定的限制，如果明知是超过限额的货物还委托他人代购，有可能会因涉嫌逃避关税而承担其他法律责任。

从2020年陆续出台的政策通知层面来看，2020年是推动电子合同应用发展更上一层楼的一年：

- 2月4日，国家知识产权局颁布的《关于电子专利证书和专利电子申请通知书电子印章相关事项的公告（第349号）》，规定：自3月3日起，直接颁发电子专利证书。

- 3月4日，人力资源社会保障部办公厅对北京市人力资源和社会保障局有关问题的答复《人力资源社会保障部办公厅关于订立电子劳动合同有关问题的函》，文件明确用人单位与劳动者协商一致，可以采用电子形式订立书面劳动合同。

- 3月26日，住建部印发《住房和城乡建设部关于提升房屋网签备案服务效能的意见》，鼓励使用房屋交易电子合同，利用电子签名等技术，实现房屋网签备案掌上办理、不见面办理。

- 5月15日，自然资源部、国家税务总局、中国银保监会共同发布《关于协同推进"互联网＋不动产登记"方便企业和群众办事的意见》，在不动产登记、申报纳税和抵押放贷等服务中推广使用电子签名、电子印章、电子合同、电子证书证明，符合规定条件的电子签名与手写签名或者盖章、电子印章与实物印章具有同等法律效力。

- 7月12日，银保监会发布《商业银行互联网贷款管理暂行办法》，第二十三条指出：商业银行应当与借款人及其他当事人采用数据电文形式签订借款合同及其他文书。借款合同及其他文书应当符合《中华人民共和国合同法》《中华人民共和国电子签名法》等法律法规的规定。

- 7月15日，国家发改委等13部门发表意见，鼓励发展便捷的线上办公，推动完善电子合同、电子发票、电子印章、电子签名、电子认证等数字应用的基础设施，为在线办公提供有效支撑。

3.2　电子合同中的法律问题

3.2.1　意思表示的真实性

各国法律均认为合同是当事人的一种意思表示，即双方当事人的合意。在传统的纸面合同的订立过程中，这种意思表示基本上是依赖人工方式进行的。意思表示真实是合同生效的要件之一，如果当事人的意思有错误或者有重大的误解，该合同可能被认为无效或予以撤销。而通过电子方式订立合同的重要特征之一便是合同的订立无须双方当事人直接参与，由电子计算机按预定的程序自动运作，即通过所谓的"电子代理人"来完成。所谓电子代理人是指在没有人参与的情况下，独立采取某种措施对某个电子信息做出反应的某个计算机程序、电子的或其他的自动手段。电子代理人的出现使合同的缔结过程可以在无人控制的情况下自动完成。

其实在网络时代，人们已经习惯了许多自动交易形式，如自动售货机、自动提款机、自动售票机等，自动交易形式已经开始深入到电子商务的各个领域。例如，需方企业的计算机按预定的程序，在库存下降到一定数量时，便自动向有关供货方发出订单（要约），供货方的计算机在收到该订单之后，如审查合格，则按既定程序进行判断、选择，然后进行承诺，整个过程可以完全自动实现，无须任何人工操作。在这种情况下，计算机的自动化处理是否体现了合同当事人的意思呢？答案是肯定的。因为计算机系统并非最终的决策者，它的运作终究还是在人的控制下进行的，其程序也是由人所编制的，当事人可以在其运行过程中随时予以介入。因此，当事人的意思表示乃是通过其所编制或认可的程序而反映出来的。换句话说，计算机的自动化处理并不是没体现当事人的真实意思，而只不过是这种真实意思被格式化、电子化、自动化了。

前欧洲共同体委员会在《关于通过电子商务订立合同》的研究报告中指出，可以把对计算机的运作拥有最后支配权的人确认为可发出要约或承诺的人，并由他对该计算机系统所做的一切决定承担责任。

《电子商务法》第四十八条规定："电子商务当事人使用自动信息系统订立或者履行合同的行为对使用该系统的当事人具有法律效力。在电子商务中推定当事人具有相应的民事行为能力。但是，有相反证据足以推翻的除外。"在实际应用中，这一条款为未成年人的行为（游戏网购）提供了甄别的路径。

3.2.2　电子合同的要约与承诺

1. 要约能否撤销的问题

要约是一方当事人以缔结合同为目的，向对方当事人所做的意思表示。各国合同法都认为，合同是经由一方的要约被另一方所接受而成立的。但各国对要约的撤销的具体规定并不完全相同，英美法系和大陆法系存在严重分歧。英美法系认为在受要约人对要约做出承诺之前，要约可以撤销。大陆法系认为要约原则上对要约人有约束力，规定了有效期的要约，在要约的有效期内不得撤销；未规定有效期的要约，则通常依照具体情况在渴望得到答复前不得撤销。

通过电子商务方式发出的要约，是否可以撤销，这是一个值得探讨的问题。因为电子商务方式传递信息的速度太快，在要约人发出要约指令的几秒钟内，就会到达对方系统，而且当受要约人的计算机系统收到要约或订单的电子信息后，便可立即自动处理，并发出承诺的电文；在这种情况下，要约就很难有撤销的机会。对此，各国法律还没有制定适用于电子商务的专门规定。

由于缔约过程中如何表示同意及其有效性，以及是否可撤销要约，各国法律规定各种各样，十分复杂，所以国际贸易法委员会认为当事人在建立电子商务关系之前一定要有一项解决这一问题的通信协议作为标准。

《电子商务示范法》第十一条规定，除非当事人各方另有协议，合同要约及承诺均可通过数据电文手段表示，并不得仅仅以使用的数据电文为理由否认该合同的有效性和可执行性。第十一条的目的并非想在合同订立问题上干预各国法律，而是通过增强电子手段订立合同的法律可靠性来促进国际贸易。所以《电子商务示范法》对合同订立的时间和地点要约和承诺等问题未作进一步的规定。

《电子商务示范法》第十二条是关于当事人各方对数据电文的承诺的规定："就一项数据电文的发端人和收件人之间而言，不得仅仅以意旨的声明和其他陈述采用数据电文形式为理由而否定其法律效力、有效性和可执行性。"

第十四条对确认收讫的规定：

1）本条第2）款至4）款适用于发端人发送一项数据电文之时或之前，或通过该数据电文，要求或与收件人商定该数据电文必须确认收讫的情况。

2）如发端人未与收件人商定以某种形式或某种特定方法确认收讫，可通过足以向发端人表明该数据电文已经收到的，收件人任何自动化传递或其他方式的传递，或收件人的任何行为，来确认收讫。

3）如发端人已声明数据电文必须以收到该项确认为条件，则在收到确认之前，数据电文可视为从未发送。

4）如发端人并未声明数据电文必须以收到该项确认为条件，而且在规定或商定的时间内，或在未规定或商定时间的情况下，在一段合理时间内，发端人并未收到此项确认时，可以向收件人发出通知，说明并未收到其收讫确认，并定出必须收到该项确认的合理时限；如在前项所规定的时限内仍未收到该项确认，则发端人可在通知收件人之后，将数据电文视为从未发送，或行使其所拥有的其他权利。

5）如发端人收到收件人的收讫确认，即可推定有关数据电文已由收件人收到。这种推定并不包含有该数据电文与所收电文相符的意思。

6）如所收到的收讫确认指出了有关数据电文符合商定的或在适用标准中规定的技术要求，即可推定这些要求已满足。

7）除了涉及数据电文的发送和接收外，本条无意处理源自该数据电文或其收讫确认的法律后果。

但如果加以仔细分析，可以发现，要约撤销的可能性实际上还是存在的。一种情况是在要约人发出一项要约的指令以后，尽管该指令已经进入对方的系统，但对方的计算机因为出现故障或其他原因没有做出自动应答，在此情况下，要约的撤销完全可行。另一种则是通过电子邮件方式订立合同。在这种合同的订立过程中，因为要约人通过电子邮件发出要约后，受要约人并不一定立即承诺，因而传统的合同法中的要约的撤销的规则完全可以适用。

2. 电子商务合同的承诺生效问题

承诺是指受要约人同意接受要约的条件以缔结合同的意思表示。承诺从什么时候起生效是合同法律中的一个十分重要的问题。因为按照各国的法律，承诺一旦生效，合同即告成立，双方当事人就要受合同的约束，承担合同所规定的权利和义务。订立合同的地点对于确定适用的惯例、在诉讼时确立主管法院以及对确定适用的国际司法来说都相当重要。

承诺生效的时间、地点就是合同本身成立的时间、地点，因此它是合同法律中的一个十分重要的问题。关于合同承诺时间与地点，英美法与大陆法素有分歧。以德国为代表的大陆法系国家多采用"到达生效规则"，即以表示承诺的函电送达要约人之时为合同成立时，并以要约人收到承诺函电的地点为合同成立的地点。英美法系国家采用"发出生效规则"，即合同在受要约人发出承诺函件之时即告成立，即使该函件未能寄达目的地也不影响合同的成立。

电子商务合同的订立是在不同地点的计算机系统之间完成的。对电子商务合同来说，发出生效原则是很难使用的，因为电子商务的电子信息可以在任何不同的地点发出，如发送人的营业地、发送人拥有计算机的任何地点，甚至可以用手提式计算机或智能手机、平板电脑等在旅途中发出承诺的电文。如果采用发出生效规则，则将使合同成立的地点具有很大的不确定性，甚至根本无法确定该合同究竟是在什么地点成立的；而采用到达生效原则，因为收到信息的一方较为容易确定，有利于提供关于订立合同地点的法律确定性。

一般认为，采取到达生效的规则对电子商务更为适宜。《联合国国际货物买卖合同公约》对承诺生效的时间，原则上采用到达生效规则。电子商务中承诺生效的时间和地点，可以通过对收到数据电文的时间和地点加以确定而获知。《电子商务示范法》第十五条对此做出了详细规定："发出和收到数据电文的时间和地点除非发端人与收件人另有协议，数据电文的收到时间按下述方法确定：①如收件人为接收数据电文而制定了某一信息系统，以数据电文进入该指定信息系统的时间为收到时间；或如数据电文发给收件人的一个信息系统但不是指定的信息系统，则以收件人检索到该数据电文的时间为收到时间；②如收件人未指定某一信息系统，则以数据电文进入收件人的任一信息系统的时间为收到时间。"从上述规定可知，信息的发出与接收按双方约定方式传送电文时，以电文进入信息系统的时间为收到时间，也就是说要约和承诺的生效时间当双方有约定而未按约定方式发送电文时，以接收电文方检索到该电文时方为收到。该条第四款对地点进行了规定："除非发端人与收件人另有协议，数据电文以发端人设有营业地的地点视为其发出地点，而以收件人设有营业地的地点视为其收到地点。就本款的目的而言，如发端人或收件人没有营业地，应以对基础交易具有最密切关系的营业地为主营业地。如果并无任何基础交易，发端人或收件人没有营业地，则应以其惯常居住地为准。"

这一规定，就对订立合同的时间和地点规定了法律确定性。对于数据电文进入信息系统的时间和接收方检索到电文的时间都在计算机信息系统中有记录，因而具有客观性、确定性及可查性，可以确定合同成立的时间。对于和接收数据电文一方有密切联系营业地及主要营业地和惯常居住地，都可以依据传统的判断方法进行判别，加以确定。因此可以客观地确定合同的成立地点，从而为以后确定合同的法律适用和合同纠纷的管辖权奠定了一个法律确定性的联系点。

3.2.3　签字署名问题

许多国家的法律规定，交易的单证必须有签字予以确认才有效。根据《中华人民共和国票据法》的规定，票据上必须有出票人的亲笔签名。汇票的承兑背书转让也须承兑人或持票人签字才能生效。按照通常原则，签字是签署者在文件上手书签写。在现实交易中，人们往往通过亲笔签名的方式确保交易双方身份的真实有效和意思表示的一致。《民法典》第三编合同中规定："当事人采用合同书形式订立合同的，自当事人均签名、盖章或者按指印时合同成立。"但在电子商务中，传统的签名方式无法应用于这种交易方式。电子商务进行交易时，很难在电子文件或单证上亲自签字署名，为了克服这个障碍，各国法学家和电子专家都积极探索，电子签名因此应运而生。他们认为，在利用计算机进行信息传播过程中，凡是能起到证明当事人身份的作用并得到当事人认可的电子技术就是电子签名。通过扩大传统的签字的定义，采用某种电子密码，就可以达到传统签字署名的法律要求。因为签字的基本要求是具有独特性，在文件上签字就是为了证实该项文件，因此签字不一定非得要求由签署者亲笔书写，而可以使用某种具有特殊性的符号来代替，电子签名就具有这项功能特性。

2004年8月28日第十届全国人大常委会第十一次会议通过《中华人民共和国电子签名法》（2015年4月24日修订），首次赋予可靠电子签名与手写签名或盖章具有同等的法律效力，并明确了电子认证服务的市场准入制度。该法的出台是我国电子商务发展的里程碑，它的颁布和实施必将扫除电子签名在电子商务、电子政务和其他领域中应用的法律障碍，极大地改善了我国电子签名应用的法制环境。

2018年9月，最高人民法院印发《最高人民法院关于互联网法院审理案件若干问题的规定》，明确了审查判断电子数据的生成、收集、存储、传输中需要关注的重点方面，对电子数据各方面的审查都有了方向性的规定，允许使用电子签名、可信时间戳、哈希值校验、区块链、电子取证存证平台认证等固证、存证技术手段保障和证明电子证据的真实性，以使互联网法院确认采纳。

以电子商务方式进行的交易，双方所达成的协议往往不是文字书面形式的，而且也没有签名。以传统的方法来看，合同以文字书写形式来拟定就是为了使合同内容具有法律约束力，也是为了促使合同参与方对合同内容反复推敲、深思熟虑以使其更为全面。因此，要求以文字形式订立合同的目的是为了让法院有足够的证据证实所订合同的合法性。要求签名的条款也同样是为了证实缔结合同的双方对所认可的签名可以是合同参与方所使用的任何一种有效的符号。例如，这种签名可以是盖章或者手写签字，也可以是一个符号和一个词，既可以用铅笔，又可以用钢笔。

当涉及合同的文本形式和签名的合法性这类问题时，法律上一般倾向于接受除电子商务以外的其他几种电子传送形式，如电报、电传等。尽管到目前为止还没有验证过传真是否符合通用商业代码制所要求的某些法律上认可的合同签名。但是，在处理类似委托书这样的文件资料信息传送时，传真被认为是法律上认可的文本形式和签名要求。

电子商务在这方面可以参照适用于其他电子信息传送方式的一些相关法律条款，但是电子商务毕竟与传真、电报等信息传递工具之间存在非常重要的区别，其中最明显的区别是电子商务购买订单和电子商务合同可能是完全电子化，而其他形式的电子传送信息方式都可以文本形式出现并可加以核实。到目前为止，还没有相应的法律条款来规范完全电子化条件下如何使书写和签名符合法律的要求。

各国电子商务法一般采用以下两种方式对电子签名进行规定。第一种是使用功能等同法，在《电子商务示范法》第七条对签字的规定中，体现了这一方法：

1）如法律要求要有一个人签字，则对于一项数据电文而言，倘若情况如下，就满足了该项要求：①使用了一种方法鉴定了该人的身份，并且表明该人认可了数据电文内所含的信息；②从各种情况来看，包括根据任何相关协议，所用方法是可靠的，对生成或传递数据电文的目的来说也是适当的。

2）无论本条第1）款所述要求是否采取一项义务的形式，也无论法律是不是仅仅规定了没有签字的后果，该项规定均将适用。在现代生活中，凭信用卡在银行自动取款机上提款时，所使用的就是电子密码，以此来代替储户的签字，这早已为许多国家法律所承认。另外，当事人可以通过签订通信协议，采用电子签名来认证电子商务合同，并对电子认证的方法和程序作出规定。《电子商务示范法》第七条规定，如果数据电文的发端人使用了一种既可鉴定该人的身份又表明该人认可了数据电文内所含信息的方法，而且从所有情况来看，他所用的方法是可靠的，对生成或传递数据电文的目的来说也是适当的，即满足了签字确认的要求。《电子商务示范法》的这一条使用了功能等同法，侧重于签字的两种基本功能：一是确定一份文件的作用，二是证实该作者同意了该项文件的内容。在电子环境中，只要使用一种办法来鉴别数据电文的发端人，并证实该发端人认可了该数据电文的内容，即可达到签字的基本法律功能。应当指出的是，电子签名虽然在某些方面可以替代手书签名，但电子签名毕竟还是有别于后者。例如，电子签名是通过网络来进行的，是一种远距离签字；电子签名实际上是一种电子数据，不像传统的签名那样能很容易地向法庭提供原件；一般来说，一个人只有一种手书签名样式，但却可以同时拥有多个电子签名样式；传统签名者不会忘记自己是谁，而忘记电子签名的情况比比皆是；传统签名往往单凭视觉就可以轻易辨别出来，而电子签名的认证不得不借助计算机。所以，功能等同于手书签字的一项数据电文，并不意味着一定会被赋予法律的有效性，是否具有法律效力，还应按颁布国的法律或其他国际条约来解释。

第二种是使用技术特征。在新加坡的《电子交易法》中这样定义电子签名："电子签名指任何以数字形式表现的任何字母、字符、数字或其他代码，其特征是附随于电子记录之后，或与之具有逻辑关系，或为了认证或批准某一电子记录而执行或采用的代码。"1999年欧盟关于电子签名的指令在对电子签名的定义中则更充分体现了电子签名的技术性特征："一种数字形式的完整签名，逻辑地和一定资料相连，用以表明签字者对该资料的接受，它还必须满足以下条件：只能和唯一的签名者相连；使人能够识别签名者；以一种能使签名者排他的控制该签名的方式创造出来；和资料紧密相连，以至于任何外来的改动都能发现。"不过，对于电子签名而言，各国一般是采取功能等同法进行规定，从技术上进行规定的比较少。

3.2.4 电子合同的形式问题

根据我国学者的解释，合同的形式是当事人合意的表现形式，是合同内容的外在表现。合同的形式主要分为口头和书面两种。口头形式是指当事人用语言为意思表示订立合同，而不是用文字表达协议内容的合同形式。书面形式是指以文字表现当事人所订立合同的形式。

许多国家的法律都要求某些交易必须有书面合同，或要求以书面作为证据。法律对书面形式的要求有以下两种不同的目的和意图：一是用以作为合同有效的要件，凡是不以书面方式订立合同的，在法律上即认为无效；二是用以作为证明合同存在及其内容的证据，即不以书面形式订立合同在法律上并非无效，但不能强制执行，如发生纠纷时，必须以书面的形式予以证明，而不能仅以口头证言为证据。至于电子数据能否视为书面文件，并取得与书面文件同等的效力，这是各国法律尚未解决的问题。《民法典》第三编合同中规定了合同的书面形式可以是合同书、信件或数据电文，数据电文包括电报、电传、传真、电子数据交换、电子邮件等形式。也就是说，不管合同采用什么载体，只要可以有形地表现所载内容，即视为符合法律对"书面形式"的要求。这些规定，符合联合国国际贸易法委员会建议采用的"功能等同法"的要求。

还应当指出的是，对书面形式的要求，不仅来自《中华人民共和国民法典》和《中华人民共和国诉讼法》，同时也来自《中华人民共和国海商法》《中华人民共和国保险法》

《中华人民共和国仲裁法》《中华人民共和国海关法》和《中华人民共和国票据法》等，而且各种法律对书面要求所要实现的目的也不完全相同。例如，《民法典》第三编合同中对书面形式的要求往往偏重于作为合同成立及其内容的证据；而《中华人民共和国票据法》对书面形式的要求则是基于流通转让的需要，其要求更为严格。因此，在应用电子商务进行交易时，不同的法律部门所遇到的关于书面形式要求的障碍也不尽相同，其解决难度也不完全一样。在某些领域，如海关法领域可能比较容易解决，但是在票据法领域则可能会遇到更大的困难。

《电子商务示范法》第六条对"书面"的规定为："如果法律要求信息必须采用书面形式，则假如一项数据电文所含信息可以调取以备日后采用，即满足了该项要求；无论前款所述要求是否采取一项义务的形式，也无论法律是不是仅仅规定了信息不采用书面形式的后果，该款均将适用。"在拟定《电子商务示范法》的过程中，针对各国法律规定的书面形式的要求，联合国国际贸易法委员会认为没有必要取消各国的这一法律规定，而只要扩大法律对"书面"一词所下的定义，使电子数据能被纳入书面范畴。这种办法就是功能等同法，即符合书面形式功能的东西便可视为书面形式，而不管它是纸还是电子数据。但采用功能等同法时，各个层次提供不同程度的可靠性、可查核性和不可更改性。而《电子商务示范法》第六条中的书面形式要求，应视为其中的最低层次，即电子商务所含信息只要是可以随时查找到以备日后查阅就可以认为满足书面形式要求。同时它还考虑到了采用《电子商务示范法》的颁布国的特殊情况。例如，根据颁布国的国际条约义务要求的形式以及颁布国无权以法规手段加以改变的其他各种情况和法律领域，颁布国可自行规定某些特定情况排除第六条的适用。

3.2.5　影响电子合同生效的情况

合同的生效是国家意志和当事人合意的共同体现，在大多数情况下，依法成立的合同即生效。但是，如果合同在缔约主体、意思表示、合同内容以及订立形式等方面不符合法律规定，则其即使成立，也不生效。这对电子合同也是一样。

1. 意思表示不真实

合同双方意思表示的真实一致是合同生效的核心要件。意思表示是指通过外在表示表明愿意与对方发生民事法律关系的内心意思的行为。

根据《民法典》第三编合同的规定，一方以欺诈、胁迫的手段订立的损害国家利益的合同无效，而因在其他情况下的意思表示不真实所订立的合同，属于可撤销合同，合同的最终效力取决于有撤销权方的行为。如其撤销合同，则合同自始无效；反之，合同生效。在虚拟的网络交易中，电子合同的欺诈和错误是较为普遍的，因此，下面主要讨论这两类电子合同。

2. 因欺诈订立的电子合同

虚拟世界并不是完全的虚拟。由于网络交流双方并不是面对面的接触，彼此的认知是单纯、片面的，这就为网络欺诈提供了很大的空间。网络零售商是在虚拟环境下进行交易的，而不是传统的面对面的方式。如果客户对收费提出质疑，零售商将承担一定的经营风险。

根据《民法典》第三编合同的规定，因欺诈订立的电子合同，如果是单纯的欺诈行为，不损害国家利益的，亦应属于可撤销合同。如果不但有欺诈行为，还损害了国家利益，那就是无效合同。但由于对这类合同的取证和申诉都存在很大困难。所以，还应当健全和完善电子签名和身份认证。为对付网络欺诈，许多国家已经建立了预防欺诈的机构。

3. 因错误订立的电子合同

在电子商务中，不论是自然人还是电子代理人，出现错误都是在所难免的。例如，甲向乙订购100箱货物，但甲的信息处理系统在传输订单时出错，将"100箱"变为"1000箱"。在交易过程中，数据电文内容的错误势必对交易各方的利益产生影响。为了减少和解决由此产生的纠纷，电子商务立法需要根据不同情况对各方利益进行重新分配。

4. 未成年人缔约能力

未成年人所订立的电子商务交易合同具有特殊性，如果适用我国《民法典》中对未成年人缔约能力一贯否认的原则，显然过于苛刻。如果电子商务网站已经尽到了必要的注意义务，未成年人的法定代理人对自己的网络交易账号未能尽到妥善的保管责任，那么如果此时未成年人成功与卖家订立了电子交易合同，不管事后未成年人的法定代理人是否予以追认，都应当认为合同已经生效。

我国《电子商务法》第四十八条规定"电子商务当事人使用自动信息系统订立或者履行合同的行为对使用该系统的当事人具有法律效力。在电子商务中推定当事人具有相应的民事行为能力。但是，有相反证据足以推翻的除外。"

按照我国《民法典》第三编合同的规定，因重大误解订立的合同，当事人一方有权请求法院或者仲裁机构变更或者撤销。根据我国最高人民法院的解释，由于行为人对行为的性质、标的物的品种、数量、质量、规格，以及行为的相对人发生错误认识，使行为的后果与行为人的意思相背离，并造成较大损失的，是重大误解，行为人可以主张撤销合同。

3.3 电子商务交易的法律保护

3.3.1 保护的必要性

1. 经济意义

国家统计局数据显示，2022年，全国电子商务交易额达43.83万亿元，按可比口径计算，比上年增长3.5%。

其中，网络零售继续保持增长，成为扩大内需、拓展消费的重要力量。2022 年，全国网上零售额达 13.79 万亿元，按可比口径计算，比上年增长 4.0%。实物商品网上零售额 11.96 万亿元，按可比口径计算，比上年增长 6.2%，占社会消费品零售总额的比重为 27.2%。

当今世界，用电子合同进行商业贸易活动已成为国际潮流。据有关资料统计，许多国家和地区都在开发、使用电子数据交换（EDI），这其中有发达国家，也有发展中国家。EDI 市场正以 20% 左右的年增长率发展。在澳大利亚维多利亚州，州政府要求所有的贸易伙伴都必须通过电子合同来做生意；美国政府正式宣布从 1992 年起全美国采用 EDI 方式办理海关业务，凡不使用 EDI 方式报关的，将延迟办理手续或不被选择为贸易伙伴。在欧洲大部分国家，EDI 已成为做生意的主要途径。作为 EDI 试点的先行者，新加坡推行 EDI 应用最为突出，因其废除了所有的书面贸易文件而成为世界上第一个在国际贸易中实现 EDI 全面管理的国家。我国的企业要加入国际潮流中并成为国际贸易的主体，就必须充分运用、发挥电子合同的工具作用，而要充分发挥电子合同的作用就必须用法律来保护电子合同。国际海事委员会于 1990 年 6 月 29 日通过了《国际海事委员会电子提单规则》，国际商会制定了《1990 年国际贸易术语解释通则》（现已出 2010 版）和《跟单信用证统一惯例》来对电子单汇的法律地位加以规定，联合国为此制定了《联合国行政、商业运输电子数据交换规则》《电子贸易数据交换行动统一规则》。1996 年 12 月联合国大会通过了国际贸易法委员会于同年 5 月制定的《电子商业示范法》。这些法律、法规都值得我们学习和借鉴。

2. 法制意义

对电子商务交易进行法律保护是我国建立、完善社会主义市场经济的需要。市场经济是法制经济，需要用法律来保护、规范、调节商业贸易主体的民事行为，而我国的一些企业已经开始运用电子合同进行商业贸易活动，并有日益发展的趋势。我国政府于 1990 年引进 EDI 概念后，将其列入了"八五"重点应用项目，成立了"中国促进 EDI 应用协调委员会"。中国对外贸易运输（集团）总公司和上海市、广东省、宁波市等还分别建立了 EDI 系统、EDI 服务中心。

3. 社会意义

对电子商务交易进行法律保护是社会发展的需要。有商品交换的行为，就有纠纷的产生，电子商务的出现是信息技术与商业贸易高度发展的结果。因为电子合同本身所具有的一些特征，如不需传统的签字、不需传统的书面形式就可成立等，使得电子合同纠纷更容易发生。而要正确、公正、妥善地处理好这些纠纷，就必须有法可依，以保障社会公平、促进经济发展。目前，因电子合同而引起的纠纷已开始出现，可以断言，这类纠纷将越来越多。但是，不必对此忧心忡忡，这是在人类科技发展、社会进步中出现的现象。解决这一问题还是得依靠科技与法制，国家通过法制来引导电子交易遵循市场经济普遍适用的规则，抑制电子交易中出现的随意性与混乱性，协调当事人之间的利益冲突，保证电子交易的健康发展，从而进一步推动社会物质文明的发展。

3.3.2 电子商务交易的具体法律保护

1. 立法保护

随着互联网技术及电子商务应用在我国的迅猛发展，对电子商务交易的多方面、多层次的立法保护已成为迫在眉睫的问题。为了加强管理、保障国际计算机信息交流的健康发展，全国人民代表大会、国务院、工业和信息化部、国家保密局，甚至地方人民政府等先后颁布了一系列有关的法律、法规及规章制度。这其中主要有《民法典》《中华人民共和国刑法》（以下简称《刑法》）《中华人民共和国计算机信息网络国际联网管理暂行规定》《计算机信息网络国际联网出入口信息管理办法》《互联网信息服务管理办法》《中华人民共和国计算机信息系统安全保护条例》《计算机信息网络国际联网安全保护管理办法》《中华人民共和国计算机网络国际联网管理暂行规定》等。这些法律规章的颁布，对我国电子商务的建立及发展起到了良好的规范和引导作用。

当前，国际社会和世界各国为了确保电子商务交易的顺利进行和发展，都纷纷着手于立法的研究和法律的制定。目前较为规范和完整的电子商务交易法规当首推 1996 年 12 月联合国大会以 51/162 号决议通过的《电子商务示范法》，该法由联合国国际贸易法委员会制定。

虽然《电子商务示范法》还不是国际公约，也不是国际惯例，不具有法的强制性，但它为各国制定电子商务法规提供了参照范本，为将来的国际公约的签订奠定了基础。除此之外，1997 年欧盟发布的《欧洲电子商务动议》、美国的《全球电子商务框架》以及世界贸易组织的《信息技术协定》都为电子商务交易的实际应用提供了一定的规范和标准。

《中华人民共和国电子商务法》（以下简称《电子商务法》）由中华人民共和国第十三届全国人民代表大会常务委员会第五次会议于 2018 年 8 月 31 日通过。

《电子商务法》规定：电子商务平台经营者知道或者应当知道平台内经营者销售的商品或者提供的服务不符合保障人身、财产安全的要求，或者有其他侵害消费者合法权益行为，未采取必要措施的，依法与该平台内经营者承担连带责任。

《电子商务法》规定：对关系消费者生命健康的商品或者服务，电子商务平台经营者对平台内经营者的资质资格未尽到审核义务，或者对消费者未尽到安全保障义务，造成消费者损害的，依法承担相应的责任。

《电子商务法》规定：电子商务平台经营者违反本法第三十八条规定，对平台内经营者侵害消费者合法权益行为未采取必要措施，或者对平台内经营者未尽到资质资格审核义务，或者对消费者未尽到安全保障义务的，由市场监督管理部门责令限期改正，可以处五万元以上五十万元以下的罚款；情节严重的，责令停业整顿，并处五十万元以上二百万元以下的罚款。

2. 司法保护

在司法实践中，要认定电子合同的成立与否，首先，必须查明合同一方当事人发出的要约，由于计算机网络的开放性和自动输入性，故不难查明。开放性使得多家网络使用者可以接收到这种要约，自动输入性也使得众多的网络用户可以自动储存这种要约。其次，必须查明合同另一方当事人的承诺。要查明当事人的承诺，必须查明当事人的收到和回执。在国际贸易中，查明"收到"具有十分重要的意义。各国法律均规定，发盘须到达受盘人，即受盘人确认收到，发盘方能生效。在这一点上，电子合同也一样。要约须经对方收到并发出回执才能生效。在电子商务交易中，一方当事人的要约传递输入了对方的计算机后，即为收到。必须指出的是，电子合同的回执是通过一种被称为"功能性回执"的传递来证实的。功能性回执是一个交易套，由接收方的收据计算机在收到源发方的信息时自动发出，它能确认一份单据的收到已经发生，且单据所有被要求的部分都被收到，没有句法错误。

对电子证据的收集，按照"谁主张，谁举证"的原则，应是当事人自身的权利与义务。但对电子证据的认定，则是法官的职责。在司法实践中，对电子证据的认定，决不可完全依照传统的证据认定方法和观念，把电子证据当作书证、物证等普通的证据来对待，也不可把电子证据当作一般的视听资料来看待。否则，就会在司法实践中变相否定电子合同的存在，给电子商业贸易带来种种障碍，从而阻碍电子商务的发展。

3. 关于法律保护的建议

虽然《刑法》为当时影响尚小的电子商务制订了一些相当具有前瞻性的规定，但是自2021 年 1 月 1 日起施行的《民法典》对电子合同的成立给予了相对详细的规定。《民法典》第四百九十一条对"电子合同"的成立时间做出了规定，"当事人一方通过互联网等信息网络发布的商品或者服务信息符合要约条件的，对方选择该商品或者服务并提交订单成功时合同成立，但是当事人另有约定的除外。"与此同时，《民法典》中增加了"电子合同"标的的交付时间，第五百一十二条规定："通过互联网等信息网络订立的电子合同的标的为交付商品并采用快递物流方式交付的，收货人的签收时间为交付时间。电子合同的标的为提供服务的，生成的电子凭证或者实物凭证中载明的时间为提供服务时间；前述凭证没有载明时间或者载明时间与实际提供服务时间不一致的，以实际提供服务的时间为准。"

现代社会中，"网络购物"已成为绝大部分人的生活方式之一，若商品在半路损毁，责任该由谁来承担呢？根据《民法典》第六百零四条的规定，标的物毁损、灭失的风险，在标的物交付之前由出卖人承担，交付之后由买受人承担，但是法律另有规定或者当事人另有约定的除外。结合《民法典》第五百一十二条的规定，即在买家签收之前，商品损坏、灭失的风险，均由卖家来承担。

另外，在电子数据传输过程中，安全是一个十分重要的问题。在电子商务交易中，如果发送了一条有瑕疵的电子信息，若瑕疵是由于一方当事人的欺诈或强迫引起的，那么无疑这种合同属于《民法典》第三编合同所规定的可撤销的或无效的合同，有过错的一方将因此承担合同撤销或无效所产生的责任。但是，问题在于如果交易双方均无过失，电子信息的瑕疵是 EDI 服务商或 ISP 方面的原因，或是因为受到了病毒或网络黑客的侵袭，那么谁将为这条有瑕疵的电子信息负责呢？鉴于电子数据传输具有一定的不稳定性和风险性，而责任划分又比较困难，在当前法律缺乏规定的情况下，当事人之间应当充分利用"意思自治"原则，约定责任划分、赔偿限度和免责问题。但是从长远的角度来看，我国需要建立一套系统的关于 EDI 服务商的市场准入、管理和安全防范制度。如前所述，电子合同是通过 EDI 或互联网签订的，参与电子商务交易的买卖双方互不谋面，甚至根本就不认识，EDI 服务商在这里的作用已不是简单的中介服务。所以，随着电子商务市场的急剧扩大，必须尽快加强这方面的法制建设。

我国的法律应规定：①EDI 服务中心应是一个公正的中介机构，它必须具备相当的条件才能从事 EDI 服务；②EDI 服务商必须在一定的时期内储存它所传送的所有电子数据和文件，作为日后责任举证的证据；③EDI 应负有不可推卸的为客户保密的义务；④建立一个类似于国家市场监督管理总局的机构统一管理电子信息的认证事务，并协调解决交易各方的冲突纠纷。除此之外，法律应规定电子交易合同或其他重要信息的特别保护措施。例如，接收人在收到这类电子信息时，应向对方发出收妥通知，若发现信息形式不正确或内容可疑，应尽快通知发送方。

《中华人民共和国民事诉讼法》（以下简称《民事诉讼法》）对电子证据未作明确规定，该法第六十六条将证据规定为八种，即当事人的陈述、书证、物证、视听资料、电子数据、证人证言、鉴定意见和勘验笔录。但《民事诉讼法》第七十四条又明文规定："人民法院对视听资料，应当鉴别真伪，并结合本案的其他证据，审查确定能否作为认定事实的根据。"这就使电子证据的可采纳性和确定力变得模棱两可，并对电子证据的效力做了苛刻的限制。这对电子合同的保护和推广是十分不利的。

因为电子合同是一种"无纸合同"，合同的载体为计算机，通常条件下的书证、物证被电子数据所代替，所以电子证据要与书证、物证等法定证据相印证在司法实践操作中非常困难。目前，电子数据可以作为证据使用以及电子证据的可采纳性已得到世界上大多数国家的认可，一些国家甚至还将其作为档案保存。例如，新加坡正式通过立法规定：电子数据能够具有法律效力并可以作为法律诉讼的依据；任何贸易数据都要保存备查等。一些重要的国际性组织也纷纷颁发文件和法案认可电子数据和电子证据的法律效力。例如，联合国国际贸易法委员会秘书处在第 18 届会议上提出的《计算机记录的法律价值》的报告中建议各国政府：重新审查涉及使用计算机记录作为诉讼证据的法律规则，以便消除对其使用所造成的不必要的障碍，确保这些规则符合技术的发展，并为法律提供适当的办法来评价这些记录中的资料的可靠性。

联合国国际贸易法委员会的《电子商务示范法》第五条对数据电文的法律承认也作了如此规定：不得仅仅以某项信息采用数据电文形式为理由而否定其法律效力、有效性或执行性。该法第九条对数据电文的证据力做出进一步规定：在任何法律诉讼中，任何方面均不得以任何理由而否定一项数据电文作为证据的可接受性。必须指出的是，电子数据容易被篡改、删除，故签订合同的双方当事人可以约定电子合同除由双方的计算机保存外，还可由中间商、网络服务商或其他具有公证作用的第三者的计算机网络来储存记录。这样不但有利于纠纷的解决，还可起到预防纠纷发生的作用。

案例与分析

案例一："秒杀器"扰乱网络购物正常秩序，挑战电子合同有效性

目前，网络销售的游戏规则是通过网络提供商来维护的，买家和卖家通过网络提供商确定的销售规则一步一步达成销售合同。由于网络购物的火爆，几乎所有网络购物平台上都出现了一种所谓"秒杀"的购物方式，"秒杀"就是商家与网店合作，通过网店平台推出一些低于市场价格的商品，限制一定的数量，网民要在特定的时间内以最快的速度点击出手，才能"抢购"到该商品。由于商品价格低廉，往往一上架就被抢购一空，有时甚至用不到一秒钟，因此叫"秒杀"。也正是因为这种"僧多粥少"的情况，一种能够高频率点击页面的软件——秒杀器应运而生。网友认为使用秒杀器等软件作弊，破坏了活动的公平性。从商家的角度看，利用秒杀器达成的交易是否是正常的交易，利用秒杀器达成的销售合同是否有效也是值得进一步探讨的问题。

然而"秒杀"购物还存有另外一种问题，2018 年 9 月 25 日 20 时，某网站为庆祝周年活动发起"一元秒杀"活动，商品都是价值数千元的数码类产品。但是 20 时整，网民发现无法进入页面，几分钟之后才恢复正常，可"一元秒杀"的商品不是已经竞拍成功，就是被转移下架，网络高手通过追踪 IP（互联网协议）地址发现，有些网民竟然能在同时同分同秒拍下所有的"一元秒杀"商品。

最终，该网站公告表示：由于参与网友过于踊跃，瞬间流量超过了预估值，导致部分网络较拥堵地区的会员不能正常浏览页面，经过技术人员紧急修正，20 时 03 分，大部分地区会员已经能够正常参与"秒杀"。不过，这样的公告并不能让广大网民信服。2019 年 4 月 6 日，另一家公司也深陷"超值星期二"秒杀门事件，招来消费者的集体反感。

分析：

针对秒杀购物出现的一系列问题，可以采取以下措施应对：

1. 事先风险评估——举办"秒杀"活动的大部分企业或店铺事先对优惠活动缺少必要的风险评估，没有预料到事情的可持续性与可实施性。而在事发后，将风险变相转嫁给消费者，这一行为是不可取的。

2. 网店设电子签名——"秒杀"主要依托电子凭证购物，在我国电子凭证一般需要经过公证才能成为有效证据，很难想象消费者会为了"秒杀"一元商品，而花2000元去公证。对于一些有实体店的商家，可以规定消费者要到实体店现场竞拍优惠券；而对于网络店铺，则可以设置电子签名，然后由商家对真实的电子格式优惠券进行公证，以防消费者假冒。

3. 参与者实名注册——网络"秒杀"不同于实体店促销，实体店可以规定100件低价商品，消费者先到先得；但网络购物，在同一秒钟可能有上万人同时单击"秒杀"，如何选取有限的"幸运者"？主办方应该对"秒杀"实行实名注册制度，并规定每人只能"秒杀"一次；如果多人同时"秒杀"成功，人数超出了促销商品数量，则由计算机选取"幸运者"，这样既不会影响商家利益，也可以保证消费者公平"秒杀"的权利。

4. 商家加大投入——上述无论哪种办法，都需要商家在"秒杀"活动前投入成本，以保证经营活动正常进行，这也是基本的商业规则。"秒杀"一旦出现亏损危机，商家出尔反尔，就会激起消费者大规模的不满，上级管理部门应该及时对商家处以罚款等处罚措施，避免以营销手段破坏正常的商业活动。

5. 消费者应索取购物凭证，冷静对待"秒杀"。消费者在"秒杀"前要详细了解商品情况、商家资质等，避免无谓的花销；"秒杀"后要注意索取发票或其他购物证明，一旦出现问题应及时以法律手段维权。

案例二："电子代理人"签订合同的责任承担问题

甲商贸公司（以下简称甲公司）为一家大型跨国零售企业，为增加效率、降低成本，决定开展电子商务，建立一套自动的交易系统。他们首先采用计算机管理所有库存商品，包括库存商品的数量、入库、出库、订单的传送等。乙化学用品公司（以下简称乙公司）系大型洗涤剂生产商，其生产的某洗涤剂用品在甲公司的销售状况非常好，交易量特别大。为此，甲、乙公司于2019年5月3日达成一项协议，约定双方洗涤剂用品的下单和接单均通过电子数据交换（EDI）的形式，由双方的计算机自动进行。就此，双方达成并签署了一个书面合同，其中约定：甲公司洗涤用品存货不足时，一经甲公司采购负责人决定，甲公司计算机自动给乙公司下单（信息发送成功，计算机会自动显示），乙公司收到订单后，无须特定的人同意，计算机便自动接单。然后，乙公司便根据甲公司的订单送货上门。

合同还同时约定，乙公司一有新品，计算机便会自动向甲公司发出提示，以便甲公司发出订单。

根据双方的协议，合同自 2019 年 5 月 10 日生效，在此之前，双方对运行系统进行了多次调试，双方对系统的正常运行表示放心，并约定，一旦系统出现问题，应当立即告诉对方。合同生效后，系统运行一直正常，双方对这种运行高效、成本极低的交易方式十分满意。

可是，在 2019 年 9 月，该系统出现问题，致使双方发生纠纷。纠纷的经过是这样的，2019 年 9 月 12 日，由于甲公司库存的乙公司洗涤用品低于正常库存量，急需进货，甲公司计算机便自动给乙公司下单，订单对货号、数量作了约定，计算机也显示信息发送成功。按照常规，乙公司当天收到订单后，应立即组织发货，9 月 15 日就能到货。可不知道是什么原因，直到 9 月 21 日，乙公司的货才送到甲公司。而甲公司销售的乙公司洗涤用品已经于 9 月 16 日销售完毕，为了应急，甲公司只得于 9 月 15 日从另一家公司进了一批其他类型的洗涤用品。甲公司拒绝接受此批货物，还要求乙公司赔偿损失，因为从 9 月 16 日到 9 月 21 日甲公司销售的乙公司洗涤用品一直缺货，不仅引起了顾客的不满，还流失了部分顾客，这直接影响了甲公司的销售额。但乙公司声称，他们是在 9 月 18 日才接到订单的，并且立即组织发货，乙公司没有任何违约行为，要求乙公司为此承担责任，是不公平的。

分析：

本案例中的争议主要在于：甲公司的损失应当由谁负担？甲公司是否有权拒绝接受乙公司交付的货物？

本案例中，上述责任承担的关键在于要约延迟的责任问题。

如果有充分的证据证明要约的延迟到达是由于甲公司的原因，包括甲公司"电子代理人"的错误，乙公司对此没有过错，乙公司履行合同的行为就完全适当，由此造成的甲公司的损失应当由甲公司自己承担，且不能拒绝接收乙公司交付的货物，否则将承担相应的违约责任。如果有充分的证据证明要约的延迟到达是由于乙公司的原因，包括乙公司"电子代理人"的错误，甲公司对此没有过错，乙公司履行合同的行为就完全属于延迟履行，由此造成的甲公司的损失应当由乙公司承担。但甲公司不能因此拒绝接收乙公司交付的货物。《民法典》第三编合同规定，当事人一方迟延履行主要债务，经催告后在合理期限内仍未履行，或者，当事人一方迟延履行债务或者有其他违约行为致使不能实现合同目的，当事人可以随时解除合同，但是应当在合理期限之前通知对方。本案中，甲公司并未催告乙公司履行义务，且乙公司履行义务的行为对甲公司目的的实现没有重大影响，只是造成仓储方面的困难，而由此增加的费用，可以要求乙公司赔偿。

但是，问题还没有这么简单。顾名思义，"电子代理人"既然是代其主人行事，显然在功能上与代理人有类似之处，即它是为了一方当事人的利益而行事的。但是实践中的情况却并不完全如此。在很多情况下，"电子代理人"只是"居间人"，同时代理买卖双方当事人进行交易的情况，如证券交易所、在线拍卖公司使用的自动交易撮合系统。这样就至少产生两个问题：一是"电子代理人"能否同时代理买卖双方进行交易，在自动撮合交易过程中，买卖双方是如何进行要约、承诺的；二是行使中介功能的电子"代理人"如果出现错误，应当由谁承担责任。

本案中，也有这种可能，即双方都是租用他人的自动交易系统，即"电子代理人"。那么，该被租用的自动交易系统，即电子"代理人"出现错误，应当由谁承担责任的问题？《民法典》第三编合同规定："当事人一方因第三人的原因造成违约的，应当依法向对方承担违约责任。当事人一方和第三人之间的纠纷，依照法律规定或者按照约定处理。"如果是合同双方当事人共同租用的"电子代理人"，由于合同双方当事人均没有过错，因此，可行的办法是合同当事人协商由一方当事人或者双方共同向该"电子代理人"的出租人请求承担责任。如果是合同一方过错，在该合同一方当事人对合同对方承担责任后，完全可以依据有关法律或者按照约定解决他们之间的责任承担问题。

本 章 小 结

本章主要介绍了电子商务交易中出现的法律问题。首先介绍了电子商务及电子合同的相关知识，即合同的含义、电子合同的概念和特征。接下来讲述了电子合同中的法律问题，意思表示的真实性是合同生效的要素之一，电子合同的要约与承诺，签字署名问题，电子合同的形式问题，以及影响电子合同生效的情况。本章还介绍了电子商务交易的法律保护问题，强调了保护的必要性，并讲述了电子商务交易的具体法律保护。

课后练习

一、名词解释

  1. 电子合同　　　2. 电子代理人　　　3. 电子要约　　　4. 电子承诺

二、选择题

1. 我国属于（　　）的国家，在合同的概念上，也是将合同理解为一种合意。

  A. 大陆法系　　　B. 英美法系　　　C. 伊斯兰法系　　　D. 印度法系

2. 合同是当事人（　　）的结果。

  A. 行为一致　　　　　　　　　B. 意思表示自愿真实一致

  C. 思想一致　　　　　　　　　D. 结果一致

3. 电子合同是当事人的意思表示的（　　）反映。

  A. 真实　　　B. 格式化　　　C. 电子化　　　D. 自动化

4. 我国《民法典》第三编合同规定："当事人采用合同书形式订立合同的，自当事人均
（　　）时合同成立。"

  A. 电子邮件   B. 传真   C. 电话   D. 签名、盖章或者按指印

5. 在拟定《电子商务示范法》的过程中，针对各国法律规定的（　　）形式的要求，国
际贸易法委员会认为没有必要取消各国的这一法律规定，而只要扩大法律对"（　　）"
一词所下的定义，使电子数据能被纳入书面范畴。

  A. 口头   B. 公证   C. 书面   D. 代理

6. 根据我国《民法典》第三编合同的规定，因欺诈订立的电子合同，只要不是损害国家
利益的，亦应属于（　　）合同。

  A. 无效   B. 有效   C. 可撤销   D. 可变更

7. （　　）年 5 月 25 日，国家外经贸部正式宣布，我国决定于 7 月 1 日在网上正式推出
"中国商品市场"，并宣称外经贸部的目标是将"中国商品市场"发展为中国"最大的
网上购物系统"。

  A. 1997   B. 1998   C. 1999   D. 2000

8. 在电子数据传输过程中，（　　）是一个十分重要的问题。

  A. 数据   B. 信息   C. 安全   D. 内容

9. 对电子证据的收集，按照"谁主张，谁举证"的原则，应是（　　）自身的权利与
义务。

  A. 法官   B. 当事人   C. 第三人   D. 代理人

10. 根据我国最高人民法院的解释，由于行为人对行为的性质、标的物的品种、数量、质
量、规格，以及行为的相对人发生错误认识，使行为的后果与行为人的意思相背离，
并造成较大损失的，是（　　），行为人可以主张撤销合同。

  A. 无效行为 B. 有效行为 C. 重大误解 D. 显失公平

三、填空题

1. 电子商务是在_____上进行的各种经济活动的总称，电子商务的出现也产生了
_____形式。

2. 电子合同的传递也仅是_____的电子传递，完全不同于传统的合同传递方式。

3. 合同是指除人身关系外，平等主体的_____、_____、_____之间设立、变更、
终止民事权利义务的协议。

4. 传统的合同成立，除_____的以外，必须用书面合同。电子合同的成立、变更或解
除，均_____传统的书面形式。

5. 电子代理人是指在_____的参与的情况下，独立采取某种措施对某个_____做出
反应的某个计算机程序、电子的或其他的自动手段。

6. 要约是一方当事人以缔结合同为目的，向对方当事人所做的_____。

7. 承诺生效的_____、_____就是合同本身成立的_____、_____，因此它是合同法律中的一个十分重要的问题。

8. 由于缔约过程中如何表示同意及其有效性，以及是否可_____要约，各国法律规定各种各样，十分复杂，所以国际贸易法委员会认为当事人在建立电子商务关系之前一定要有一项解决这一问题的_____作为标准。

9. 以电子商务方式进行的交易，双方所达成的协议往往不是_____形式的，而且也没有_____。

10. 合同的生效是_____和_____合意的共同体现，在大多数情况下，依法成立的合同即生效。

四、判断题

1. 电子合同是电子商务活动中基本的活动形式，是保障当事人各方权利义务的有效方式。
（　　）

2. 合同是当事人行为一致的结果。（　　）

3. 传统的合同成立，除即时清洁的以外，都不必用书面合同。（　　）

4. 电子代理人的出现使合同的缔结过程可以在当事人控制的情况下自动完成。（　　）

5. 各国合同法都认为，合同是经由双方的要约被双方所接受而成立的。（　　）

6. 英美法系认为在受要约人对要约做出承诺之前，要约不可以撤销。（　　）

7. 大陆法系认为要约原则上对要约人有约束力，规定了有效期的要约，在要约的有效期内不得撤销；未规定有效期的要约，则通常依照具体情况在渴望得到答复前不得撤销。
（　　）

8. 电子商务合同的订立是在规定地点的计算机系统之间完成的。（　　）

9. 我国采用"发出生效规则"，即合同在受要约人发出承诺函件之时即告成立，即使该函件未能寄达目的地也不影响合同的成立。（　　）

10. 合同的形式是当事人合意的表现形式，是合同内容的外在表现。合同的形式主要分为口头和书面两种。（　　）

五、思考题

1. 电子合同的特征有哪些？

2. 电子合同的生效与电子合同的成立有哪些不同？

3. 影响电子合同生效的情况有哪些？

4. 简述电子合同的形式在当前网络购物中的表现形式，并举例说明。

第4章
电子商务支付中的法律问题

电子商务法律法规

4.1 传统交易中支付的法律问题

4.1.1 支付结算的概念和特征

支付结算是指单位、个人在社会经济活动中使用票据、银行卡和汇兑、托收承付、委托收款等结算方式进行货币给付及其资金清算的行为，支付结算作为一种法律行为，具有以下法律特征：

（一）支付结算必须通过中国人民银行批准的金融机构进行。支付结算包括票据、信用卡和汇兑、托收承付、委托收款等结算行为，而此等结算行为必须通过中国人民银行批准的金融机构才能进行。

（二）支付结算是一种要式行为。所谓要式行为，是指法律规定必须依照一定形式进行的行为。如果该行为不符合法定的形式要件，即为无效。

（三）支付结算的发生取决于委托人的意志。银行在支付结算中充当中介机构的角色，因此，银行只要以善意且符合规定的正常操作程序审查，对伪造、变造的票据和结算凭证上的签章以及需要校验的个人有效身份证件，未发现异常而支付金额的，对出票人或付款人不再承担受委托付款的责任，对持票人或收款人不再承担付款的责任。与此同时，当事人对在银行的存款有自己的支配权；单位、个人在银行开立存款账户的存款，除国家法律、行政法规另有规定外，银行不得为任何单位或者个人查询他人账户信息；除国家法律另有规定外，银行不得代任何单位或个人的账户冻结、扣款，不得停止单位、个人存款的正常支付。

（四）支付结算实行统一和分级管理相结合的管理体制。支付结算是一项政策性强，与当事人利益息息相关的活动，因此，必须对其实行统一的管理。

（五）支付结算必须依法进行。中国人民银行颁布的《支付结算办法》第五条规定，银行、城市信用合作社、农村信用合作社以及单位和个人（含个体工商户），办理支付结算必须遵守国家的法律、行政法规和本办法的各项规定，不得损害社会公共利益。因此，支付结算的当事人必须严格依法进行支付结算活动。

4.1.2　传统交易中票据的基本法律知识

票据结算是支付结算的重要内容。下面依据《中华人民共和国票据法》（以下简称《票据法》）《票据管理实施办法》《支付结算办法》和《最高人民法院关于审理票据纠纷案件若干问题的规定》，对有关票据的基本知识做逐一介绍。

1. 票据当事人

票据当事人也称票据法律关系主体，是指在票据法律关系中，享有票据权利、承担票据义务的主体。票据当事人可分为基本当事人和非基本当事人。

（1）基本当事人

基本当事人是指在票据做成和交付时就已存在的当事人，是构成票据法律关系的必要主体，包括出票人、付款人和收款人三种。在汇票及支票中有出票人、付款人与收款人；在本票中有出票人与收款人。基本当事人不存在或不完全，票据上的法律关系就不能成立，票据就无效。

（2）非基本当事人

非基本当事人是指在票据做成并交付后，通过一定的票据行为加入票据关系而享有一定权利、承担一定义务的当事人，包括承兑人、背书人、被背书人、保证人等。票据上的非基本当事人在各种票据行为中都有自己特定的名称。所以，同一当事人可以有两个名称，即双重身份，如汇票中的付款人在承兑汇票后称为承兑人，第一次背书中的被背书人就是第二次背书中的背书人等。

并非所有的票据当事人都一定同时出现在某一张票据上，除基本当事人外，非基本当事人是否存在，完全取决于相应票据行为是否发生。不同票据上可能出现的票据当事人也有所不同。

2. 票据权利与义务

（1）票据权利

票据权利是指票据持票人向票据债务人请求支付票据金额的权利，包括票据付款请求权和追索权。票据付款请求权是指持票人向汇票的承兑人、本票的出票人、支票的付款人出示票据要求付款的权利，是第一次权利，又称主票据权利。行使付款请求权的持票人可以是票载收款人或最后的被背书人；担负付款请求权付款义务的主要是主债务人。票据追索权是指票据当事人行使付款请求权遭到拒绝或有其他法定原因存在时，向其前手请求偿还票据金额及其他法定费用的权利，是第二次权利，又称偿还请求权利。行使追索权的当事人除票载收款人和最后被背书人外，还可能是代为清偿票据债务的保证人、背书人。

（2）票据义务

票据义务是指票据债务人向持票人支付票据金额的责任。它是基于债务人特定的票据行为（如出票、背书、承兑等）而应承担的义务，不具有制裁性质，主要包括付款义务和偿还义务。实务中，票据债务人承担票据义务一般有四种情况：一是汇票承兑人因承兑而应承担付款义务；二是本票出票人因出票而承担自己付款的义务；三是支票付款人在与出票人有资金关系时承担付款义务。四是汇票、本票、支票的背书人，汇票的出票人、保证人，在票据不获承兑或不获付款时的付款清偿义务。

3. 票据行为

（1）票据行为的概念

票据行为是指票据当事人以发生票据债务为目的的、以在票据上签名或盖章为权利义务成立要件的法律行为，包括出票、背书、承兑和保证四种。

1）出票。

出票亦称发票。主要是指出票人签发票据并将其交付给收款人的票据行为。出票包括两个行为：一是出票人依照《票据法》的规定做成票据，即在原始票据上记载法定事项并签章；二是交付票据，即将做成的票据交付给他人占有。这两者缺一不可。

2）背书。

背书是指收款人或持票人为将票据权利转让给他人或者将一定的票据权利授予他人行使，而在票据背面或者粘单上记载有关事项并签章的行为。

3）承兑。

承兑是指汇票付款人承诺在汇票到期日支付汇票金额并签章的行为。

4）保证。

保证是指票据债务人以外的人，为担保特定债务人履行票据债务而在票据上记载有关事项并签章的行为。

（2）票据行为的特征

票据行为是一种特定的法律行为，其特征主要有：①要式性，即票据行为必须依据《票据法》的规定，在票据上记载法定事项并交付；②无因性，即票据行为不因票据的基础关系无效或有瑕疵而受到影响；③文义性，即票据行为的内容完全依据票据上记载的文义而定，即使其与实质关系的内容不一致，仍按票据上的记载而产生效力；④独立性，即票据上的各个票据行为各自独立发生效力，不因其他票据行为的无效或有瑕疵而受到影响。

一般来讲，票据行为可以按两种方法分类。一种是按票据行为的效力不同，分为基本票据行为和附属票据行为。基本票据行为是指创设的行为即出票行为，又称主票据行为；

附属票据行为是指以出票行为的有效存在为前提所进行的行为，又称从票据行为。背书、承兑和保证都属于附属票据行为。另一种是按适用票据的不同，分为共有票据行为和独有票据行为。出票、背书为共有票据行为，而承兑是汇票独有票据行为，保证是汇票和本票的独有票据行为。

（3）票据行为的要件

票据行为需要一定的要件，包括实质要件、形式要件两种。

1）实质要件。实质要件是指票据当事人须有法律上规定的权利能力和行为能力，真实的意思表示及不得损害社会的和公共的利益。其中当事人的权利能力一律平等，所有的法人和公民都有权进行票据行为，但公民还要具有相应的行为能力才能进行票据行为。根据《票据法》的规定，无民事行为能力人或者限制行为能力人在票据上签章的，其签章无效，但是不影响其他签章的效力。此外，票据当事人的意思表示应当真实，并不得损害社会的和公共的利益，这是民事活动所必须遵循的一个原则，在进行票据行为时也不例外。

2）形式要件。形式要件是指票据的格式由中国人民银行统一规定，票据的记载事项由《票据法》统一规定，分必须记载的事项、相对记载的事项和任意记载的事项三类。其中必须记载的事项是票据法规定的，如票据种类、无条件接受的委托、金额、出票日期、出票人、付款人和收款人的签名盖章等。形式要件是票据行为所必需的，如果当事人的票据活动不符合形式要件的要求，就可能导致票据的无效或票据权利的丧失。

4. 票据丧失

票据丧失是指因灭失、遗失、被盗等原因而使票据权利人脱离其对票据的占有。票据具有流通性和一般情况下的无因性，一旦丧失，拾获者就可能获取票据权利，虽然这种票据权利是没有法律根据的，但是票据的债权人不通过一定的方法就不能阻止债务人向拾获者履行义务，从而造成正当票据权利人经济上的损失。因此，需要进行票据丧失的补救。票据丧失分为绝对丧失和相对丧失两种。票据丧失后，可以采取挂失止付、公示催告、普通诉讼三种形式进行补救。

4.1.3 传统支付结算方式的法律规定

根据中国人民银行有关支付结算办法规定，超过现金支付限额的结算业务必须通过银行转账结算。银行结算也称非现金结算，通常分为银行汇票、商业汇票、银行本票、汇兑、支票、委托收款、托收承付、信用卡、信用证等结算方式。

1. 银行汇票结算

银行汇票是指汇款人将款项存入当地出票银行，由出票银行签发的，由其在见票时按照实际结算金额无条件支付给收款人或持票人的票据。银行汇票采用记名方式，可以转让，有"现金"字样的可以向银行申请挂失，填明收款单位的不挂失。单位和个人均可使用这种结算方法。

2. 商业汇票结算

商业汇票是指由收款人或付款人（或承兑申请人）签发的，由承兑人承兑，并于到期日向收款人或被背书人无条件支付款项的票据。在银行开立账户的法人以及其他组织之间，发生真实的交易关系和债权债务关系时才能使用。商业汇票在同城和异地均可使用，一律记名，可以背书转让。承兑期限由双方商定，我国现行制度承兑期最长不超过 6 个月。如果分期付款，应一次签发若干张期限不同的汇票。商业汇票的提示付款期限为 10 天，在此期间，持票人通过开户银行委托收款或向付款人直接提示。

商业汇票按承兑人的不同可分为商业承兑汇票和银行承兑汇票。

3. 银行本票结算

银行本票是银行签发的，承诺自己在见票时无条件支付确定金额给收款人或者持票人的票据。银行本票分为不定额和定额两种，不定额银行本票起点金额 100 元，定额银行本票面额为 1000 元、5000 元、10000 元、50000 元，一律记名，允许背书转让。银行本票提示付款期为 2 个月，逾期后银行不再受理，但可在签发银行办理退款手续。

4. 汇兑结算

汇兑结算是指汇款人委托银行将其款项支付给收款人的结算方式，分为信汇和电汇两种，由汇款人根据付款速度要求选择。具体操作方法是：付款单位向汇出银行填写信汇、电汇凭证，详细填明汇入地点、银行、收款人、名称及用途，委托银行办理汇款手续，在取得信汇、电汇凭证的回单时，据以填制付款凭证。收款单位对于汇入的款项，在收到银行的收账通知时，据以填制收款凭证。

5. 支票结算

支票是出票人签发的，委托办理存款业务的银行见票无条件支付确定的金额给收款人或持票人的票据。它具有灵活、方便、快捷的特点，是我国同城结算的基本方式。支票一律具名，在指定地区可以转让。支票起点金额为 100 元，但结清账户时，可不受其起点金额限制。其提示付款期为 10 天，但中国人民银行另有规定的除外。支票分为现金支票、转账支票和普通支票。

6. 委托收款结算

委托收款结算是指收款人委托银行向付款人收取款项的结算方式，单位和个人凭已承兑的商业汇票、债券、存单等付款人债务证明办理款项结算的，均可使用这种方式。委托收款在同城、异地均可使用，不受起点金额限制，可使用邮寄或电报划回的方式，由收款人选择。使用这种方法时，收款单位向开户银行填写委托收款凭证，提供收款依据，委托银行办理，银行受理后开具回单。

7. 托收承付结算

托收承付是指根据购销合同，由收款人发货后委托银行向付款人收取款项，由付款人向银行承认付款的结算方式。托收承付分邮划和电划两种方式，用于异地结算，只限于商业交易和劳务供应的款项结算。

8. 信用卡结算

信用卡结算是近年来兴起的转账结算方式。

信用卡是指商业银行向个人和单位发行的，凭其向特约单位购物、消费或从银行提取现金，具有消费信用的特别载体卡片。企业（或个人）为了取得信用卡，需填制申请表，经审查符合条件的，银行为申请人开设信用卡存款账户，并下发信用卡。比如，中国建设银行、中国银行、中国农业银行、中国工商银行分别开办了龙卡、长城卡、金穗卡和牡丹卡等。

9. 信用证结算

信用证是进口企业向银行申请，由银行开给出口商的一种保证付款的凭证。它是一种国际结算的主要方式。经中国人民银行批准或经商业银行总行批准开办信用证结算业务的分支机构，可办理国内企业之间商品交易的信用证结算业务。采用这种结算方式，收款单位收到信用证后，即可备货装运，签发有关发票账单，连同运输单据和信用证，一并送交银行，根据退还的信用证等有关凭证编制收款凭证。付款单位在接到开户银行的通知时，根据付款的有关单据编制付款凭证。

4.2 电子商务的支付问题

4.2.1 电子支付的发展现状

目前国内电子支付市场主要有几大阵营：一是独立的第三方支付企业，如快钱、易宝支付等；二是国内电子商务交易平台价值链延伸的在线支付工具，如支付宝、财付通、百付宝等；三是银行阵营，如中国银联的 ChinaPay 以及各个银行自己的网上银行等；四是以中国移动等电信运营商为代表的移动支付企业。

所谓电子支付（Electronic Payment），是指以电子计算机及其网络为手段，用负载特定信号的电子数据取代传统的支付工具，用于资金流程，并具有实时支付效力的一种支付方式。电子支付也是银行信用中介职能的金融电子化的表现，包括以电子商务为商业基础，以商业银行为主体，为网上交易的客户提供电子结算手段。对诸如支票等票据金融交易实行无纸化作业。

电子支付和电子商务是密不可分的，它构成了整个电子商务活动中最核心、最关键的环节，是交易双方实现各自目的的重要一步，也是电子商务得以进行的基础条件。电子支付是解决电子商务发展瓶颈问题的关键一环。如果没有有效的电子支付，就不能形成一个完整的电子商务交易。

为规范电子支付业务，防范支付风险，保证资金安全，维护银行及其客户在电子支付活动中的合法权益，促进电子支付业务健康发展，中国人民银行制定了《电子支付指引（第一号）》（中国人民银行公告〔2005〕第 23 号）。

《电子商务法》第五十三条规定："电子商务当事人可以约定采用电子支付方式支付价款。"第五十四条规定："电子支付服务提供者提供电子支付服务不符合国家有关支付安全管理要求，造成用户损失的，应当承担赔偿责任。"

2023 年 11 月 24 日国务院第 19 次常务会议通过《非银行支付机构监督管理条例》（以下简称《条例》）。为了引导支付机构进一步提升服务实体经济的质效，《条例》从多个方面作了引导：

一是强调支付机构服务实体经济的核心定位。明确支付机构开展业务，应当以提供小额、便民支付服务为宗旨；对其监督管理，应当围绕是否实现服务实体经济这一目标来进行。

二是要求支付机构"打铁还需自身硬"。适当提高支付机构注册资本要求，要求其具有符合规定的业务系统、设施和技术，以及治理结构、内控和风险管理能力制度等。

三是坚持"回归支付业务本源"。引导支付机构专注、提升服务水平，按照批准的业务类型和地域范围展业，未经批准不得从事依法需批准的其他业务。

四是鼓励支付机构与银行合作。既要发挥支付机构在用户触及面广和服务便利等方面的优势，也鼓励银行在保障资金安全和提高资金运用效率等方面发挥重要作用。

4.2.2　电子支付的相关法律问题

从法律方面来看，有关电子支付的问题主要存在于两个方面，一是电子支付工具的效力问题，另一个是对电子支付违法活动的防止与惩治问题。

1. 电子支付工具的效力问题

银行卡的支付，在现实生活中已有比较普遍的应用，其效力已经得到充分认可；网上银行，实质上是现实银行在网络上业务的拓展和延伸，随着网络技术的逐渐成熟，网上银行变得更快捷、方便、安全，广大零散的个人客户更倾向采取这种方法。对于银行而言，随着个人收入的提高，个人客户已经逐渐占到和企业客户同等重要的地位。面对如此巨大的个人金融市场，网上银行是最节约、最有效、最能接近小额零售业务客户的一种手段。由于客户与银行都会积极推进网上银行的建设，其效力一般不会出现问题。但对于电子支票和电子现金，因为其与传统法律有一定的抵触，其效力存在一定的争议。

（1）电子支票的效力问题

电子支票是使用数字签名技术，完全抛弃纸质的支票，从而可以在网络上直接传输。我国现在对电子支票的应用还很少，主要原因是受到《票据法》的制约，电子支票的法律地位难以得到确认，银行望而却步。

《票据法》第四条规定，"票据出票人制作票据，应当按照法定条件在票据上签章"，第七条又规定，"票据上的签章，为签名、盖章或者签名加盖章。"《票据法》中其他有关签章的规定，以及《票据管理实施办法》《支付结算办法》的相关内容的规定，其基本含义都是一样的。目前，国内银行在其所辖的分支机构和联网分行之间，为客户提供通存通兑服务。为了实现通存通兑，各个银行一般规定，出票人必须在支票上使用数码印鉴，原来加盖在支票上的图章印鉴不再作为识别出票人的标记，电子计算机只按照数码印鉴确认出票人授权指令的有效性。因此，如果某张支票因为没有数码签字，被机器拒收，造成支付迟延或其他侵权行为；客户就可以以《票据法》中关于签章的规定作为抗辩控告银行，此时银行就会处在非常不利的地位。因此，如何在《票据法》中承认数字签名的合法性是一个非常紧迫的问题。

（2）电子现金的法律地位

现在，电子现金在我国的应用也很少，但因其既具有手持现金的一般特点，又有网络属性，比较适于零散的小笔交易，发展前景可观。随着上网人数的增加，网上企业对客户（B2C）、企业对企业（B2B）的电子商务发展已经成为必然，电子现金正是顺应了这一潮流。电子现金的实质与现实货币一般无二，是一般公认的假想概念，是一种信任和信心，是一般等价物的一种表现形式。但是，其法律地位一直难以确定，这是因为按照货币的实质和网络无国界性来推断，各国中央银行的地位都将受到挑战。因为任何一个有实力的、有信誉的全球性跨国公司，都可以发行购买其产品或服务的数字化等价物，从而避开银行的烦琐交易手续和税收。例如，某公司的软件可以以某公司确定的电子现金与其他法定货币的汇率进行汇兑，就可以完成在其他领域的流通。当然，这些都只是理论的设想，任何国家都不会允许这种扰乱金融秩序的行为存在。但是，电子现金的成熟技术和优势是任何力量都无法阻挡的，而且电子现金有高度流通性，这也是网络交易的基础，尤其是在小额交易中，电子现金要比信用卡、借记卡支付更方便、更节省。我国在这方面也已经开始了行动。

2013年中国人民银行正式发布《中国金融集成电路（IC）卡规范（V3.0）》，该规范在2010年颁布的《中国金融集成电路（IC）卡规范版》（2010版）（JR/T0025—2010）基础上，兼容最新国际通用技术标准，总结国内金融IC卡推广经验，并对小额非接支付应用功能加以扩展和完善，支持双币电子现金支付应用，规范了IC卡互联网终端技术要求，丰富了安全算法体系。金融 IC 卡规范版本的升级，适应了银行卡业务发展的新要求，为金融 IC 卡进一步扩大应用奠定了基础，对推进金融创新和提升金融服务民生水平有重要意义。

2. 对电子支付违法活动的防止与惩治

随着资本和货币在社会内流动的电子化，犯罪的形式也随之发生改变。如今电子支付违法行为有传统的形式，如洗钱；也有一些新的形式，如黑客攻击网络等。

（1）与电子支付有关的洗钱

电子支付的出现，为洗钱活动提供了更多的机会和更大的空间。电子支付工具有体积小、适合远距离传输、匿名性等性质，对于犯罪分子而言，这都是可乘之机。洗钱就是犯罪分子通过一定的方法和手段，将非法所得的黑钱，洗成合法资金。在网络上，犯罪分子可以更安全、放心地利用电子支付，让自己的黑钱多在几个商家或其他机构中流动，最后，黑钱自然就成了合法收入。

在电子支付普遍应用的时代，网上洗钱变得难以控制，尤其是电子支付工具都有密码保护。

加密技术为的是使电子支付工具更加安全，并保护客户的隐私权，但也给执法者调查和惩治犯罪带来了不可逾越的障碍。例如，要破译 1024 位（bit）的密钥，需要 1 亿台电子计算机工作 28 万年。因此，使执法机构在一定条件下，获得有关的密钥成了一种必然要求。建立一定的密钥托管机制，使政府在特定条件下能够获得密码技术中的私人密钥，是必须采取的方法；但有些人却认为这样会损害客户的隐私权，因为有关交易的信息都是客户不愿让别人了解的信息，政府机构如获得这些信息，容易使客户对支付系统失去信心，不过作为预防洗钱等违法行为的措施，许多国家已开始了这种做法。

（2）违法交易的法律责任分担问题

银行卡是目前消费者经常使用的支付工具，与其支付有关的法律也已比较成熟，其核心问题主要是未经授权使用的银行卡支付所造成的损失是商家承担还是发卡银行承担？抑或是消费者承担？网络上的银行卡支付也必须考虑到这一问题。如果某一客户的账户信息被其他人得到并诈骗且得逞，那么损失由谁来承担？这一问题解决得好不好将直接导致客户对电子支付手段的选择态度。

由于电子支付的许多信息都是通过互联网传递的，而互联网是一个开放的网络，所以如何保护这些信息不被非法利用已经成了一个新的法律问题。在这种责任分担的过程中，消费者往往处于受害者的地位，且多为个人；各国法律虽不尽相同，但大都偏向于保护消费者，使消费者承担有限的责任。

在电子支付中，引进了认证中心和电子签名，其合法性在很多国家和地区都得到了认可，但认证商家和银行之间的关系仍需进一步规范。

（3）黑客攻击网络的安全问题

黑客现在已经成了一个人尽皆知的名词，不少网站被黑客攻击，以至停顿。黑客们对电子支付也构成了巨大的威胁，消费者的个人信息存储于银行，如果银行的网络遭到攻击，很可能所有的私人信息都会泄密，若补救不及时，则很可能使消费者造成巨大损失。我国已先后出台了一系列法律，以约束和惩治黑客的行为。但法律的威慑力与巨大的利益诱惑相比又变得微不足道。因此，技术上进一步完善也是必不可少的。

电子支付还存在着一些其他问题，如电子证据的法律效力、电子签名的承认与否等。虽然《民法典》第三编合同中对此已做出一些规定，肯定了其效力，为电子商务的发展扫清了障碍，但进一步出台专门性立法已经迫在眉睫。

4.2.3　电子支付的立法现状与展望

我国目前尚未制定调整电子支付的有关法律。在实际操作中，电子支付通常依据银行的内部规章进行，相关权利义务也以银行制定的格式合同为准，如我国目前许多领取信用卡的协议约定，银行在客户未办妥挂失手续或者办理挂失手续后 24 小时内不承担任何责任。从法律角度来讲，银行的这些内部规章和格式合同对客户极不公平，其本身的效力还都存在疑问，不足以成为调整电子支付的规范和解决相关纠纷的准绳。因此，根据国际上的先进做法和我的的实际情况，制定我国自己的电子支付法是当务之急。

美国对电子资金划拨的立法较早。这对其他国家的相关立法起到了一定的借鉴作用。1978 年 11 月，美国国会制定了《电子资金划拨法》来调控小额电子支付，这主要是为了保护自然人客户在电子支付中的权益而制定的。它要求提供电子支付的银行公开其与客户之间的权利义务、正常操作程序和错误更正程序，要求银行必须根据客户的支付指令正确、及时地执行资金划拨，银行如不履行义务，必须赔偿客户由此遭受到的损失。该法还规定了银行和客户在发生未经授权划拨的情况下的风险分担问题，规定客户如遵守一定的守则，金融机构便分担一部分损失；反之，全部损失由客户承担。例如，客户在信用卡、智能卡等被盗或遗失两天内若通知银行，则银行对发生的未经授权的划拨承担最高 500 美元的损失；但若客户在银行发出交易报表后 60 天内仍未通知银行，则客户自行承担全部损失。

1989 年 8 月，美国统一州法全国委员会又针对商业性电子资金转移共同制定了《统一商法典》第 4A 编，来调控大额的商业性电子支付，但又不仅限于电子支付这一种方式。目前，美国《统一商法典》已成为美国管辖大额电子支付最重要的法律依据。《统一商法典》第 4A 编对进行电子支付的银行的责任进行了限制。在接受了支付指令的银行没有执行划拨、错误执行划拨或延迟划拨的情况下，支付指令人有权要求银行偿还所指令支付的资金的本金和利息，银行不对间接损失承担责任，其责任仅限于资金划拨的费用及被指令划拨的资金的利息。对于未经授权的资金划拨，发送人应对其支付命令的金额负责，除非发送人证明了三项事实：①它遵循了发送人与接收银行间检测错误的支付命令的安全程序；②接收银行没有遵循安全程序；③如果接收银行遵循了安全程序，则错误本来是能够检测出来的。如果不能证明三项事实中的任何一项，则将导致发送人承担损失，银行有权要求客户支付所划拨的资金。如果银行和客户之间没有建立合理的身份认证程序，则由代理法等其他法律原则进行调整。

随着跨国电子支付的日益普遍，联合国国际贸易法委员会也根据美国《统一商法典》第4A编，制定了有助于减少各国相关电子支付法令的差异，并为各国立法提供依据的《国际贷记划拨示范法》。事实上，不论是美国的《电子资金划拨法》《统一商法典》第4A编，还是联合国国际贸易法委员会制定的《国际贷记划拨示范法》，都不很完善，远没有达到其他法律的标准；但它们毕竟对当事人的权利义务关系、未经授权划拨等做出了规定，一旦出了问题就能够依据法律来判定当事人的风险责任。而我国缺少这类法律，就使电子支付成为电子商务在我国普及的"瓶颈"之一。

电子支付的发展不仅给传统的支付工具带来了强有力的冲击，也给金融业带来了"重新洗牌"的机遇和挑战。面对新的情况，我国的金融机构要加紧发展电子支付业务，吸收融合先进的国际规范与惯例，共同建立较为完善的电子支付与结算的同业规范。

目前国内各大银行均推出了网上银行业务，服务于电子商务的结算需求，尽管这些网上结算工具还很不完善，但对应于国内的电子商务交易现状，应该说已经能满足并略有超前。虽然在目前许多政策、法规、标准尚未制定，社会信用体系不健全的情形下，期望银行冒着风险超前建立一套完善的网上结算体系并不现实，但应在短期内采取有力措施，消除制约网上结算业务发展的不利因素，包括统一不同的技术标准［SSL（安全套接层协议)/SET（安全电子交易协议)］，建立统一、权威的认证机构和支付网关。

以立法的方式填补电子支付法律体系中的空白，是解决我国传统支付法律制度不适应现实的根本途径，这不仅需要制订与电子支付相关的规范，而且为保障电子支付合法有序地进行，对交易主体资格、信用、合同规范在内的多方面法律问题，都需要明确的规范来调整和制约。

1）关于电子支付方面的法律规范，需要明确电子支付的当事人之间，包括付款人、收款人和银行之间的法律关系，制定相关的电子支付制度，认可电子签名的合法性。同时还应出台对于电子支付数据的伪造、变造、更改、涂销等问题的处理规则。

2）从加强交易安全的角度，需要制定以下几方面的法律规范。

①交易主体资格的确认。电子支付交易主体的确认问题，一种方法是以电子商务为依托，建立一个登记制度。例如，原国家工商行政管理总局 2000 年 9 月 1 日开始实行的委托原北京市工商行政管理局对全国经营性网站和网站名称进行备案登记的制度，通过现有的企业登记机关，对交易主体的资格予以确认。另一种方法是通过提供交易服务的中介机

构确定身份，即通过认证机构颁发的数字证书确保交易的真实性，使交易各方相互信赖。关于认证的法律规范，至少要包含以下几方面内容：一是认证机构的设立条件、作用、基本职责以及相应的权利和义务；二是认证规则与操作规程；三是认证机构颁发证书的法律效力；四是认证费用的收取以及因认证错误、工作失误或传递错误信息导致损失的法律责任等。

②确立信用制度的立法。法律为保障电子支付所能做的，也和传统的交易安全问题有关，就是推动社会信用制度的建立。发达的商业社会对社会包括个人的信用有着很高的要求，应通过一系列公开透明的制度来维护和保障信用制度体系。在电子商务及电子支付的范畴内，对交易主体的信用有更严格的要求。因为网络带来的交易虚拟化，如果没有信用的话，交易不安全谁会上网做交易呢？没有在线的信用，就没有电子商务。法律的主要作用除了登记审查制度外，更重要的是要确立一个公开披露制度，我国应借鉴美国在这方面的先进经验，实行不带有管制性质的信息公开制度，除了涉及商业秘密的信息外，其他与交易有关的信息都可以公开。例如，可以通过银行系统查询企业财产抵押登记情况和银行贷款信用情况；还可以通过查询法院判决，了解企业过去签的合同是否都按期履约。这些信息的公开就是确立和保护信用制度的重要途径，它是一种社会监督，如果每一个做交易的人都能了解到交易对方的信用状况，就会对交易双方都有一种制约，这是法律在互联网经济下所拥有的便利条件。

③电子合同的相关规则。虽然《民法典》第三编合同中确立了电子数据可以作为合同的文本或者是作为证据，但对于如何操作，以及合同双方在履行合同过程中的权利义务问题，还没有具体的说法，需要进一步的规范。此外，与电子合同履行和争议相关的，还有法律要解决对于电子数据或者是数据文本证据的认定问题。在传统证据里书面证据要到法院指证，而电子合同，包括电子支付的相关环节，在什么条件下可以作为证据，电子签名达到什么程度可以作为证据，这都是需要解决的问题。

④其他相关的电子商务法律。制定其他相关的电子商务法律，诸如加强数据保护、保证用户的个人隐私权、保证用户具有对互联网上的信息进行控制的自主权等，以解决电子商务中发生的各种纠纷，防止诈骗等案件的发生，保证当事人在电子支付的过程中的合法权益不受侵犯。

3）网络上的犯罪现在已经相当普遍，与电子商务相关的罪行更是层出不穷，如盗用客户电子支付账户进行犯罪、伪造个人账户使用电子支付的犯罪，电子商务诈骗的犯罪等，其中很多是与电子支付息息相关的。虽然《刑法》以及一些相关的单行法规对此做出了规定，但从广度和深度来说都还不够，随着互联网的发展以及电子商务的扩展，新的立法尤显必要。

4）修订《票据法》已是当务之急。因为票据法的严格规定，已经阻碍了电子商务的发展以及电子支付的进行。承认电子文本的效力，承认电子签名的合法性是必须进行的改革。

案例与分析

案例一：微信红包往来中涉及的法律问题

1. 微信红包的产生背景和运作程序

"微信红包"是腾讯公司进行第三方支付平台推广的商业模式，在 2014 年春节期间取得了巨大成功，在 2015 年的春节期间所送发的力量跟 2014 年相比，更是有过之而无不及。2019 年春节期间，从除夕到初五，有 8.23 亿人次收发微信红包。2013 年 12 月 31 日，腾讯公司推出具有在线支付功能的微信 5.0 版，标志着微信进军手机支付领域。

发放红包的用户应当首先在微信中绑定一张银行储蓄卡，输入持卡人姓名、卡号、手机号，并设定六位快速支付密码。全部完成后，微信所有的支付项目只需选择绑定的银行卡并输入快速支付密码，即可支付。"微信红包"分为"普通红包"与"拼手气群红包"两种。"普通红包"可以为每个红包设定 0.01 ~ 200 元的固定金额，"拼手气群红包"则可以选择发多少个红包，总共发多少金额，群内用户单击链接可以领取一个 0.01 ~ 200 元数额随机的红包。

2. 微信红包往来过程中涉及的法律问题

尽管"微信红包"具有较为成熟的法律经验，但依然存在部分风险与潜在问题。因此，"微信红包"背后的法律风险问题应当引起人们的关注。

（1）"微信红包"涉及贿赂问题

"微信红包"的核心是收发微信红包必须绑定银行卡。而在绑定银行卡以后，消费者就可以利用微信支付"我的钱包"进行各种消费，如买机票火车票、网上购物、信用卡还款等。此外，还有一项重要的功能没有被统计，即"微信红包"的"送礼"功能。

实际上，"微信红包"就是电子红包。电子红包最早是由银行推出的一项业务，后来被引入第三方支付和电子商务领域。电子红包与传统红包最大的区别在于，电子红包不需要与接收人见面，也无须征得对方同意即可发出。发放电子红包的金额可大可小，也可以多次发放。因此，电子红包不仅是现金的馈赠方式，也是各种商业组织促销的最佳手段。但是电子红包具有"附赠"行为的性质，即通过向消费者无偿提供一定数量的红包现金，用来引诱消费者与之发生交易，特别是电子红包没有实物，不易被人知晓。因此电子红包也是通过互联网实施商业贿赂的最好方式，应当引起相关部门的高度重视，并依法予以规制。

（2）"微信红包"涉及不当得利

根据规则，抢到手的红包如不提现，不会自动退还到发放者手中，只会停留在微信"钱包"中。那些因为没有绑定银行卡而沉淀下来的资金，单笔来看金额或许不多，但总量绝不是小数。《民法典》规定，没有合法根据，取得不当利益，造成他人损失的，应当将取得的不当利益返还受损失的人。朋友之间通过微信发红包，本质是一种赠予行为，红包是赠给朋友的，而不是赠给微信的。

但由于红包提现设置了绑定银行卡的前提，有些人基于安全顾虑没有绑定，于是一些红包既没有支付给受领人，也未退回赠予人，而是沉淀在支付公司账户上。支付公司长期占有该笔沉淀资金，恐怕涉嫌不当得利，依据法律应当及时返还。

（3）"微信红包"涉及用户的信息安全问题

"微信红包"必须与银行卡绑定之后才能实现其应有的功能，但是"微信红包"一旦与用户的银行卡绑定，就不再只是社交游戏了，其中包含了个人手机号、银行卡号、密码等敏感信息。例如，有一款抢红包外挂软件，该软件的安装界面中自称通过了360安全认证。下载安装后，软件会提醒用户，将收集手机中的所有文本，包括个人银行卡号、手机交互数据等信息。有些网友反映，其收到朋友发来的链接，点开后竟然能看到对方手机里收发红包和提现的全部记录，甚至包括银行卡尾号和姓名等。

（4）微信红包涉及洗钱问题

作为现代社会资金融通的主渠道，金融系统是洗钱的易发、高危领域，因此，我国法律赋予金融机构及第三方支付机构特定的反洗钱义务，如客户身份识别、大额可疑交易报告等。《反洗钱法》规定，金融机构应当按照规定建立客户身份识别制度，不得为身份不明的客户提供服务或者与其进行交易。而在"微信红包"发放过程中，无论是红包发送人还是领取人，并没有身份认证环节，即使绑定了他人的银行卡，资金仍能顺利支付，这就为洗钱留下隐患。

（5）"微信红包"涉及纳税问题

关于收受"微信红包"是否缴纳所得税的问题，有两种情况需要分别对待：首先，亲朋好友之间通过微信社交发红包，且金额也不大，是互相赠予，按照目前的税法，这不涉及个人所得税问题；其次，如果企业明确表示通过"微信红包"形式，对用户或潜在客户的附赠行为，或通过"微信红包"奖励成绩突出的员工以及通过"微信红包"形式向员工发放奖金等福利，就应按累计数额缴纳个人所得税。因为企业上述"微信红包"的发放致对方收受红包这一行为属于偶然所得，应该缴纳税款。

分析：

我国税法规定，取得偶然所得的个人为个人所得税的纳税义务人，应依法纳税；向个人支付偶然所得的单位为个人所得税的扣缴义务人。不论在何地兑奖或颁奖，偶然所得应纳的个人所得税一律由支付单位扣缴。偶然所得以收入金额为应纳税所得额，纳税率以20%计算。对于大家常说的1万元的起征点，是专指个人购买福利、体育彩票（奖券）一次中奖收入不超过1万元（含1万元）的暂免征收个人所得税；一次中奖收入超过1万元的，应按税法规定全额征税。

警方提醒：

一些犯罪分子将微信红包"变异"为赌博工具。警方提醒，加入微信群参与"猜大小"或者"牛牛"游戏，涉嫌赌博，一经发现将会坚决查处，并依法追究其责任，轻则受到治安处罚，重则将会面临刑事责任。这些微信群管理员的行为，已经涉嫌开设赌场罪，按照《刑法》规定，以营利为目的，聚众赌博或者以赌博为业的，处三年以下有期徒刑、拘役或者管制，并处罚金。

警方表示，参与下注赌博，痕迹都会留在微信上，警方能联合微信运营商，调取他的交易记录，取证调查，如果微信群管理员利用手段控制开奖结果，还将涉嫌诈骗，即便是对方诈骗，参与者进行赌博的违法犯罪的事实依然不会改变。

案例二：支付宝信用卡套现风波

用支付宝进行信用卡套现，就是通过虚假交易使用信用卡支付后通过账户转移到借记卡，然后从银行取出现金，整个过程没有真实的货物交易，也无须缴纳额外的费用。据了解，用信用卡取现金需要额外支付手续费和利息，而有些人为了省去这些手续费和利息，便通过使用支付宝网上虚假购物的方式，利用与支付宝挂钩的信用卡进行套现。

张某在支付宝有账号，朋友（绝对可靠）在支付宝有账号，都不是新注册的，且都正常在淘宝上买过东西。张某有张信用卡，额度为 15000 元，并且同账户下还有其他卡，这张卡和张某的主卡卡号不一样，这张卡简称 B 卡。张某登录自己的支付宝，通过支付宝"收款"，填写对方的支付宝账号，货物描述是一台二手高配置计算机，价格是 10000 元，运送方式是自己开车送货过去。朋友马上就会收到邮件，然后同意付款，张某再电话告诉朋友他的 B 卡卡号、背面三位数字、有效期以及查询密码，朋友付款到支付宝。

张某点"发货"，方式是"自己送货"。朋友点"确认收货"，同意付款给卖家。

这时，张某的支付宝账户就多出来 10000 块钱，张某直接申请提现便可。

分析：

由上述"作案"过程可见，支付宝的套现很简单，这给银行的风险控制增加了难度。但支付宝网上交易量非常大，如果银行抛开支付宝的话，也可能使其业务量受到一定的影响。

对策及建议：

（1）支付宝方面：对套现采取相应的措施。例如，有两个账户在同一个 IP 地址，一天之内出现了很多次登录，每个账户之间的交易的金额每次都是 1000 元，或每次都是 2000 元，出现了好多次这样的交易，就可能认为这样的交易异常。

（2）银行方面：银行设定信用卡单笔交易限额，这就降低了支付宝交易套现的金额。

（3）法律方面：应该在法律方面制定相应的法定措施来做出相应的惩罚。早在 1996 年 4 月 1 日，中国人民银行就颁布并实施了《信用卡业务管理办法》，其中明确规定，持卡人不允许利用信用卡套取现金以及恶意透支；1999 年 3 月 1 日，《银行卡业务管理办法》规定，利用银行卡及其机具欺诈银行资金的，根据《刑法》及相关法规进行处理；2006 年 2 月底，中国人民银行和中国银行业监督管理委员会发出《中国银行业监督管理委员会关于防范信用卡风险有关问题的通知》，明确规定持卡人套现和商户提供套现服务属违法行为。从中国人民银行制定《商业银行信用卡业务监督管理办法》的情况来看，信用卡套现行为将会进一步受到监管。

本 章 小 结

本章主要介绍了电子商务支付中的法律问题。首先介绍了传统交易中支付的法律问题，然后介绍了电子商务的支付问题，包括电子支付的发展现状、相关法律问题，以及电子支付的立法现状与展望。

课后练习

一、名词

1. 支付结算　　　　2. 票据权利　　　　3. 票据行为　　　　4. 背书

5. 票据丧失　　　　6. 商业汇票　　　　7. 托收承付　　　　8. 电子支付

二、选择题

1. 票据形式要件包括出票人、付款人和收款人的签名盖章及（　　　）。

　　A. 票据种类　　　　B. 无条件接受的委托　　C. 金额　　　　　　D. 出票日期

2. 票据丧失后，可以采取的补救形式有（　　　）。

　　A. 挂失止付　　　　B. 公示催告　　　　　C. 普通诉讼　　　　D. 立案侦查

3. 商业汇票的提示付款期限为（　　　）天，在此期间，持票人通过开户银行委托收款或向付款人直接提示。

　　A. 8　　　　　　　B. 10　　　　　　　C. 15　　　　　　　D. 30

4. 原国家工商行政管理局（　　　）年9月1日开始实行的委托原北京市工商行政管理局对全国经营性网站和网站名称进行备案登记的制度，通过现有的企业登记机关，对交易主体的资格予以确认。

　　A. 1998　　　　　B. 2000　　　　　C. 2001　　　　　D. 2003

5.《中国金融集成电路（IC）卡规范》颁布于（　　　）年。

　　A. 1980　　　　　B. 1990　　　　　C. 2000　　　　　D. 2010

三、填空题

1. 支付结算必须通过_____行批准的金融机构进行。支付结算包括_____、_____、_____、委托收款等结算行为，而此等结算行为必须通过中国人民银行批准的金融机构才能进行。

2. 支付结算实行_____和_____相结合的管理体制。

3. 票据当事人可分为基本当事人和非基本当事人。基本当事人包括_____、_____和_____三种；非基本当事人包括_____、_____、_____、_____等。

4. 票据行为包括_____、_____、_____和_____四种。

5. 票据行为的特征包括_____性、_____性、_____性以及_____性。

6. 根据中国人民银行有关支付结算办法规定，超过现金支付限额的结算业务必须通过银行转账结算。银行结算也称非现金结算，通常分为_____、_____、_____、_____、_____，_____、_____、_____等结算方式。

7. 单从法律方面来看，有关电子支付的问题主要存在于两个方面，一是_____，另一个是_____。

四、判断题

1. 支付结算必须通过中国人民银行批准的金融机构进行。　　　　　　　　　（　　）

2. 行使付款请求权的持票人可以是票载收款人或最后的被背书人。　　　　　（　　）

3. 票据当事人须有法律上规定的权利能力和行为能力，真实的意思表示及不得损害社会的和公共的利益。　　　　　　　　　　　　　　　　　　　　　　　（　　）

4. 电子支票使用数字签名技术，将支票的纸质完全抛弃，从而可以在网络上直接传输。　　　　　　　　　　　　　　　　　　　　　　　　　　　　　　　　　（　　）

5. 电子现金的实质与现实货币是完全不同的，前者是一般公认的假想概念，是一种信任和信心，后者是一般等价物的一种表现形式。　　　　　　　　　　　　　（　　）

6. 加密技术使电子支付工具更加安全，保护客户的隐私权，并有利于执法者调查和惩治犯罪。　　　　　　　　　　　　　　　　　　　　　　　　　　　　　　　（　　）

7. 电子支付的发展不仅给传统的支付工具带来了强有力的冲击，同时也给金融业带来了"重新洗牌"的机遇和挑战。　　　　　　　　　　　　　　　　　　　　　（　　）

8. 关于电子支付方面的法律规范，需要明确电子支付的当事人之间，包括付款人、收款人和银行之间的法律关系，制定相关的电子支付制度，认可电子签名的合法性。　（　　）

9. 没有在线的信用，就没有电子商务。　　　　　　　　　　　　　　　　　（　　）

10. 没有有效的电子支付，就不能完成一个完整的电子商务交易。　　　　　　（　　）

五、思考题

1. 电子支付工具有哪些法律效力问题？

2. 对电子支付违法活动应如何防止与惩治？

3. 从网络或相关书籍查找一个电子支付案例并进行综合分析。

第 5 章
电子商务中的知识产权保护

电子商务法律法规

5.1 商标的法律保护

5.1.1 商标概述

1. 商标的概念与特征

（1）商标的概念

商标是用以区别所提供商品及服务的标记，分为商品商标和服务商标两种。商品商标是指商品的生产者或经营者为了将自己的商品与他人的商品相区别而使用的标记。服务商标是指服务的提供者为了将自己提供的服务与他人提供的服务相区别而使用的标记。

（2）商标的特征

1）显著性。商标的显著性是指区别于具有叙述性、公知公用性质的标志；区别于他人商品或服务的标志，便于消费者识别。

2）独占性。商标的独占性是指注册商标所有人对其商标具有专用权、独占权；未经许可，他人擅自使用即构成侵犯商标权。

3）价值性。商标代表着商标所有人生产或经营的质量信誉和企业形象，商标所有人通过商标的创意、设计、申请注册、广告宣传及使用，使商标具有了价值，也增加了商品的附加值。商标可以有偿转让。

4）竞争性。商标的竞争性是指其是参与市场竞争的工具。商标知名度越高，其商品或服务的竞争力就越强。

2. 商标的作用

商标是商品信息的载体，传达着商品的信息，商标作为一种无形资产，体现着"名牌就是实力"的理念，随着市场的日益繁荣，品牌的作用将日益突出，商标的作用也日益重要。

商标的作用概括起来有以下几点：

（1）命名作用

商品的生产经营者为了让消费者记住其生产或经营的商品，树立企业和商品的形象，经过反复推敲，用响亮上口的发音给自己的商品命名，用富有美感的图案色彩给自己生产或经营的商品赋予情感含义，以增强企业员工的向上力和自豪感并使消费者便于记忆，更好地树立企业和商品的形象。

（2）区别作用

商标的区别功能在于商标能够在不同的商品生产经营者所生产经营的同一种或相似商品之间制造差别，便于购买者区别。商标是识别商品生产经营者最简单、有效的手段，购买者可以通过商标清楚地分辨出不同的生产经营者，所以商标被称为"商品的脸"。

（3）表明特定质量的作用

商标自身并不标明商品的质量，而是通过商标表示其代表商品的一贯质量水平，消费者通常希望能够通过商标寻找一种质量稳定的商品。例如，"海尔"商标首先用于冰箱，在成名后又用于由海尔集团生产的其他家电产品。"海尔"商标所带来的信誉保证，使消费者认为其他贴有"海尔"商标的产品同样具有特定良好的质量。

（4）宣传作用

商标可以被看作是一种文化象征，是企业文化的重要组成部分，凝结着企业对产品的追求。商标在市场中是一种最有效的广告宣传方式，商标在创名牌中所做的一切努力都是为了提高商品的知名度和市场的竞争力，以引起消费者的注意。而知名的商标会将商品的形象深深地印入消费者的心中，并使这种印象最终变为购买的行动。所以，商标也被称为"无声的推销员"。

3. 商标的种类

1）根据构图形式分类：分为文字商标、图形商标、图形与文字组合商标。

2）根据用途和作用分类：分为商品商标和服务商标。

3）根据拥有者、使用者的不同分类：分为制造商标、销售商标、集体商标。

4）根据管理分类：分为注册商标和未注册商标。

5）根据使用动机分类：分为联合商标、防御商标、证明商标。

6）根据寓意分类：分为有含义商标和无含义商标。

7）根据使用方式分类：分为主商标、分商标、商品群商标、具体商品商标。

8）根据载体分类：分为平面商标、立体商标、声音商标、气味商标等。

5.1.2　商标权与商标注册

1. 商标权

（1）商标权的概念

商标权是指国家运用法律手段，根据商标立法的宗旨，按法定程序，赋予商标注册申请人以商标专用权，并对其予以保护的立法准则。商标权包括商标使用权和商标禁止权两个方面：①商标使用权，是指商标所有人在商标局核准的商品上或服务项目上使用其注册商标的权利。②商标禁止权，是指商标所有人具有禁止其他单位或个人，未经许可擅自在与核准商品或服务项目相同或类似的商品或服务项目上使用与其注册商标相同或相似商标的权利。注册商标的专用权受到法律保护，商标所有人可以依法行使自己的权利，对于侵犯自己合法权利的行为可以依法请求商标行政管理机关和人民法院给予惩处。

（2）商标权的法律特征

商标权属于知识产权，具有知识产权所具有的专有性、地域性和时效性三个主要的法律特征。

1）专有性。专有性又称独占性或垄断性，指商标所有人对其注册商标享有的专有使用的权利，任何第三人未经商标所有人的同意，不得加以使用。未经注册的商标，其所有人不享有此项权利。

2）地域性。一国核准的商标，只在该国领域内有效，对其他国家不发生效力。

3）时效性。根据《中华人民共和国商标法》（以下简称《商标法》）的规定，注册商标的有效期为十年，自核准注册之日起计算。有效期期满之前十二个月内按照规定办理续展手续；在此期间未能办理的，可给予六个月的宽展期。每次续展注册的有效期为十年，自该商标上一届有效期满次日起计算。期满未办理续展手续的，注销其注册商标。商标局应当对续展注册的商标予以公告。

2. 商标注册

（1）我国商标注册的相关原则

1）自愿注册与强制注册相结合原则。自愿注册原则是指商标所有人根据自己的需要和意愿，自行决定是否申请商标注册。通过申请并经国家知识产权局商标局核准注册的商标为注册商标。注册人对该注册商标享有专用权，受法律的保护；未经注册的商标也能使用，但使用人不享有商标专用权，不得与他人的商标相冲突。

强制注册原则是指国家要求生产经营者在某些商品或服务上所使用的全部商标，必须经依法注册才能使用的强制性规定。《商标法》第六条规定："法律、行政法规规定必须使用注册商标的商品，必须申请商标注册，未经核准注册的，不得在市场销售。"

目前，我国规定强制性注册的商标只有烟草制品（卷烟、雪茄烟和有包装的烟丝）。

2）注册原则。注册原则是指商标所有人对其商标必须通过核准注册，才能取得对该商标专用权的确认。

《商标法》第三条规定："经商标局核准注册的商标为注册商标。包括商品商标、服务商标和集体商标、证明商标；商标注册人享有商标专用权，受法律保护。"

3）国家统一注册原则。国家统一注册原则是指我国的商标注册工作必须由国家商标主管部门统一审核批准注册。《商标法》第二条明确规定："国务院工商行政管理部门商标局主管全国商标注册和管理的工作。"

4）申请在先原则（又称注册在先原则）。申请在先原则是指两个或两个以上的申请人，在同一或者类似的商品上以相同或者相近似的商标申请注册时，注册申请在先的商标和申请人获得商标专用权，申请在后的商标注册申请予以驳回。《商标法》第三十一条规定："两个或者两个以上的商标注册申请人，在同一种商品或者类似商品上，以相同或者近似的商标申请注册的，初步审定并公告申请在先的商标。"

5）使用在先原则。使用在先原则是指在无法确认申请（注册）在先的情况下采用最先使用者取得商标注册的原则。《商标法》第三十一条规定："两个或者两个以上的商标注册申请人，在同一种商品或者类似商品上，以相同或者近似的商标申请注册的，同一天申请的，初步审定并公告使用在先的商标，驳回其他人的申请，不予公告。"这里的使用在先原则，在遇到与商标权类似的其他知识产权的权利（如专利权、著作权）相冲突时，往往起到重要的决定作用。

（2）商标注册申请需注意的问题

商标注册申请人申请注册的商标，其构成要素包括文字、图形、字母、数字、三维标志和颜色组合，以及上述要素的组合在商标申请注册时，必须具有显著特征，便于消费者辨识、记忆，易于与其他商标相区别。申请注册的商标不得使用法律所禁止使用的文字、图形。

《商标法》第十条规定下列标志不得作为商标使用：

1）同中华人民共和国的国家名称、国旗、国徽、国歌、军旗、军徽、军歌、勋章等相同或者近似的，以及同中央国家机关的名称、标志、所在地特定地点的名称或者标志性建筑物的名称、图形相同的。

2）同外国的国家名称、国旗、国徽、军旗等相同或者近似的，但经该国政府同意的除外。

3）同政府间国际组织的名称、旗帜、徽记等相同或者近似的，但经该组织同意或者不易误导公众的除外。

4）与表明实施控制、予以保证的官方标志、检验印记相同或者近似的，但经授权的除外。

5）同"红十字""红新月"的名称、标志相同或者近似的。

6）带有民族歧视性的。

7）带有欺骗性，容易使公众对商品的质量等特点或者产地产生误认的。

8）有害于社会主义道德风尚或者有其他不良影响的。

县级以上行政区划的地名或者公众知晓的外国地名，不得作为商标。但是，地名具有其他含义或者作为集体商标、证明商标组成部分的除外；已经注册的使用地名的商标继续有效。

按照《商标法》第十一条的规定，下列标志不得作为商标注册：

1）仅有本商品的通用名称、图形、型号的。

2）仅直接表示商品的质量、主要原料、功能、用途、重量、数量及其他特点的。

3）其他缺乏显著特征的。

前款所列标志经过使用取得显著特征，并便于识别的，可以作为商标注册。

此外，《商标法》第十二至十六条规定了以下标志不得作为注册商标：

1）以三维标志申请注册商标的，仅由商品自身的性质产生的形状、为获得技术效果而需有的商品形状或者使商品具有实质性价值的形状，不得注册。

2）就相同或者类似商品申请注册的商标是复制、摹仿或者翻译他人未在中国注册的驰名商标，容易导致混淆的，不予注册并禁止使用。

3）就不相同或者不相类似商品申请注册的商标是复制、摹仿或者翻译他人已经在中国注册的驰名商标，误导公众，致使该驰名商标注册人的利益可能受到损害的，不予注册并禁止使用。

4）未经授权，代理人或者代表人以自己的名义将被代理人或者被代表人的商标进行注册，被代理人或者被代表人提出异议的，不予注册并禁止使用。

5）商标中有商品的地理标志，而该商品并非来源于该标志所标示的地区，误导公众的，不予注册并禁止使用；但是，已经善意取得注册的继续有效。

（3）商标注册程序

1）商标注册的申请。自然人、法人或者其他组织对其生产、制造、加工、拣选或经销的商品或者提供的服务项目，需要取得商标专用权的，依照《商标法》及其有关规定，应当向商标局申请。按照《商标法》的规定，商标注册申请人应当按规定的商品分类表填报使用商标的商品类别和商品名称，提出注册申请。商标注册申请人可以通过一份申请就多个类别的商品申请注册同一商标。商标注册申请人自其商标在外国第一次提出商标注册申请之日起六个月内，又在中国就相同商品以同一商标提出商标注册申请的，依照该外国同中国签订的协议或者共同参加的国际条约，或者按照相互承认优先权的原则，可以享有优先权。商标在中国政府主办的或者承认的国际展览展出的商品上首次使用的，自该商品展出之日起六个月内，该商标的注册申请人可以享有优先权。

2）商标注册申请的审查。商标审查是商标注册主管机关对商标注册申请是否符合《商标法》的规定要求所进行的一系列活动。申请注册的商标的初步审定结果是予以公告，还是驳回申请不予公告，是核准注册还是不予注册，都由商标主管机关审查确定。商标注册审查分为形式审查与实质审查。商标注册流程见图5-1。

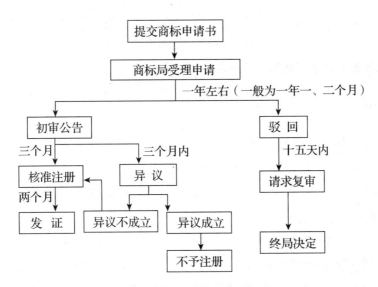

图 5-1　商标注册流程图

　　形式审查是对商标注册申请的书面手续是否符合法律规定的审查，主要是就申请书的填写是否完备进行审查，通过形式审查决定商标注册申请能否受理；申请手续不齐备或者未按规定填写的，予以退回，申请日期不予保留。

　　实质审查是对商标是否具备注册条件的审查，实质审查是决定申请注册的商标能否予以公告的关键。实质审查主要包括，商标是否违背《商标法》禁用的规定，是否具备法定的构成要素，是否具有显著特征，是否与他人在同一种或类似产品的注册商标相混同，是否与申请在先的商标及已撤销失效并不满一年的注册商标相混同。

　　《商标法》特别对商标的恶意抢注做出了规定。规定申请注册商标不得损害他人现有的在先权利，也不得以不正当手段抢先注册他人已经使用并有一定影响力的商标。在实践中，有些商标虽然尚未构成驰名商标，但具有独创性，有一定的使用历史或者较为广泛的使用范围；而且商标使用人为宣传该商标投入了大量的广告费用。但是由于种种原因，商标使用人未能及时将其进行注册，却被同行业或者同地域的其他人抢先注册，这样的事例时有发生。由于我国采用申请在先原则，所以原商标使用人只好眼睁睁地看着他人对自己辛辛苦苦创造出的商标享有专用权。《商标法》这一规定正是为制止这种恶意抢注现象的发生。

　　经过实质审查，认为申请注册的商标不符合《商标法》及其实施细则的规定或者与他人在先注册或先申请的商标相混同的，驳回申请，发给申请人《驳回通知书》，简单陈述驳回理由，并将申请书及有关文件一并退回申请人。如果认为商标注册申请虽有不符合规定之处，但可以修正的，发给《商标审查意见书》，限定修正时间；申请人在规定的时间内未作修正或修改后仍不符合《商标法》规定的，则驳回申请，发给申请人《驳回通知书》。

　　凡是经过实质审查，认为申请注册的商标符合《商标法》的有关规定并且有显著性的，予以初步审定，并予以公告。商标权须在初步审定公告经 3 个月期满无异议后，予以核准注册，发给商标注册证，成为注册商标，受国家法律保护。需要注意的是初步审定的商标按规定未经正式核准注册时，不能取得商标权。

5.1.3 注册商标专用权的保护

1. 侵犯注册商标专用权的行为

《商标法》规定有下列行为之一的，均属侵犯注册商标专用权：

1）未经商标注册人的许可，在同一种商品上使用与其注册商标相同的商标的；

2）未经商标注册人的许可，在同一种商品上使用与其注册商标近似的商标，或者在类似商品上使用与其注册商标相同或者近似的商标，容易导致混淆的；

3）销售侵犯注册商标专用权的商品的；

4）伪造、擅自制造他人注册商标标识或者销售伪造、擅自制造的注册商标标识的；

5）未经商标注册人同意，更换其注册商标并将该更换商标的商品又投入市场的；

6）故意为侵犯他人商标专用权行为提供便利条件，帮助他人实施侵犯商标专用权行为的；

7）给他人的注册商标专用权造成其他损害的。

2. 注册商标专用权的保护

进行侵犯注册商标专用权行为之一，引起纠纷的，由当事人协商解决；不愿协商或者协商不成的，商标注册人或者利害关系人可以向人民法院起诉，也可以请求工商行政管理部门处理。工商行政管理部门处理时，认定侵权行为成立的，责令立即停止侵权行为，没收、销毁侵权商品和专门用于制造侵权商品、伪造注册商标标识的工具，并可处以罚款。当事人对处理决定不服的，可以自收到处理通知之日起十五日内依照《中华人民共和国行政诉讼法》向人民法院起诉；侵权人期满不起诉又不履行的，工商行政管理部门可以申请人民法院强制执行。进行处理的工商行政管理部门根据当事人的请求，可以就侵犯商标专用权的赔偿数额进行调解；调解不成的，当事人可以依照《中华人民共和国民事诉讼法》向人民法院起诉。

为制止侵权行为，在证据可能灭失或者以后难以取得的情况下，商标注册人或者利害关系人可以在起诉前向人民法院申请保全证据。人民法院接受申请后，必须在四十八小时内做出裁定；裁定采取保全措施的，应当立即开始执行。人民法院可以责令申请人提供担保，申请人不提供担保的，驳回申请。申请人在人民法院采取保全措施后十五日内不起诉的，人民法院应当解除保全措施。

未经商标注册人许可，在同一种商品上使用与其注册商标相同的商标，构成犯罪的，除赔偿被侵权人的损失外，还应依法追究刑事责任。伪造、擅自制造他人注册商标标识或者销售伪造、擅自制造的注册商标标识，构成犯罪的，除赔偿被侵权人的损失外，依法追究刑事责任。销售明知是假冒注册商标的商品，构成犯罪的，除赔偿被侵权人的损失外，依法追究刑事责任。

侵权赔偿中通常适用的损失填平原则，即侵权人在侵权期间因侵权所获得的利益，或者被侵权人在被侵权期间因被侵权所受到的损失，包括被侵权人为制止侵权行为所支付的合理开支。

但在包括注册商标专用权在内的知识产权领域仅靠"损失填平原则"并不足以遏制恶意侵权和反复侵权的行为。因此，近年来知识产权领域立法开始借鉴国外的惩罚性赔偿制度，以加大打击知识产权侵权行为的力度。2013 年《商标法》首次规定了商标侵权惩罚性赔偿条款；2019 年修订生效的《商标法》进一步加大了对惩罚性赔偿的自由裁量力度，由之前规定的"一倍以上三倍以下"调整为"一倍以上五倍以下"；2019 年生效的《反不正当竞争法》也新增了关于商业秘密侵权的惩罚性赔偿制度；2020 年 5 月颁布的《民法典》第一千一百八十五条规定"故意侵害他人知识产权，情节严重的，被侵权人有权请求相应的惩罚性赔偿"，进一步加大了对知识产权的保护力度，从更高的立法层面、更宽的规制范围为知识产权领域的惩罚性赔偿制度的全面适用奠定了基石。

3. 电子商务中商标专有权的保护

电子商务的发展也为商标法律保护带来了新的问题。

（1）网络链接上的商标侵权

在互联网上，处于不同服务器上的文件可以通过超文本标记语言（HTML）链接起来。经常上网浏览的人都有过这样的经历：只要在网页的某个图标上单击一下，另一个网页或者网页的另一部分内容就会呈现在用户的计算机屏幕上。这种网上文件转换和跳跃的过程就是"链接"。用户在"图标"上轻轻一击屏幕上就出现了新的内容，是因为图标上嵌着被链接文件的网上地址，能让用户的浏览器按照这些地址找到被链接的文件。直接用被链接文件的网上地址作为图标的情况是很少的。通常情况下，文字、标题或标志被用作图标的外表。每个网页的主人都希望自己的网页色彩缤纷，鲜亮美丽，因此图标的外表也就越来越花哨。但是如果选用图标不慎，就很可能陷入一场知识产权的纠纷之中。近来，由互联网上的链接引起的商标侵权纠纷屡屡发生。

主页对于网站来说具有重要的经济意义，因为许多网站的主要收入源于广告，而广告主要出现在网站的主页上。例如，票务专家公司是一家在美国出售各类演出票的公司，在微软公司和票务专家公司的纠纷中，令票务专家公司恼火的真正原因在于微软公司设置的链接绕过了票务专家公司的主页，因此通过微软公司网站的链接访问票务专家公司网站的用户就看不到该主页上的广告，而能直接看到该网站其他页上的演出售票信息。这就像 A 电视台转播 B 电视台的节目，但删除了 B 电视台的节目开头播的广告一样。

票务专家公司在起诉书中指控微软公司设置链接的行为构成了"电子形式的剽窃"，是对其商标和商号的盗用和滥用，属于不正当竞争，淡化了其商标的价值，损害了其商业信誉。虽然该案最终以双方和解告终，但是关于链接（尤其是纵深链）的争论远没有结束。而且它提出了一个令人深思的法律问题。从功能上说，网页类似于电子布告板，用他人的商标作为网页上链接的图标也类似于把他人商标用作电子布告板的文件描述符号，但是不能简单地将上文提到的电子布告板商标侵权案的判决套用到网页链接的案件中来。实际上，网页上链接的情况比电子布告板复杂得多，因此判断这类商标侵权纠纷必须结合具体案情，考虑网页上的"图标"是否被链接设置者当作商标使用，以及这种使用是否足以使消费者产生混淆。

（2）网上搜索引擎上的隐形商标侵权

继超文本链接之后，商标侵权纠纷的另一个热点是由网上搜索引擎（Search Engines）引起的"隐形商标侵权纠纷"。这类商标纠纷的特征是某个网主将他人的商标埋置在自己网页的源代码中，这样虽然用户不能在该网页上直接看到他人的商标，但是当用户使用网上搜索引擎查找他人商标时，该网页就会位居搜索的结果前列。这听起来有点匪夷所思，但是在网上已经屡见不鲜了。

隐形商标侵权纠纷源于"元标记"（Meta – Tag），它是互联网的超文本标记语言的一种软件参数，原本是被网页设计者用来描述其网站及内容的，包括网站名称、著作权声明和关键词等。网上搜索引擎的发展是推动元标记广泛使用的重要原因。Yahoo（雅虎）、Infoseek（搜信）、Excite（伊克赛特）等早期网上搜索引擎都有同样的关键词检索功能，即在某个用户键入某个想要查找的主题词后，搜索引擎按照网页源代码元标记中的关键词罗列查询结果。要是网页没有设置关键词，搜索引擎的编码器就只好要么阅读全部网页，要么扫描一定数量的网页文本内容（如开头的 200 个词），这样做不仅差错率高，而且速度慢。相比之下，关键词检索具有很大的优势。

然而，这种新型网络技术的出现被某些"聪明人"迅速用于发财致富。由于一个网页的用户访问数与该网页的广告收入息息相关，一些网站很快想出了利用网上的搜索引擎为网页吸引用户的办法，即设置尽可能广泛而吸引人的关键词，用户的查询一旦涉及这些主题，就会被搜索引擎指引到这些网页，不论网页的内容是否真与这些关键词有关。原本用来描述网页内容的关键词就这样被用来"误导"用户。尽管现在的网络技术对于关键词的数量没有限制，从理论上说，一个网页设计者可以把所有的英文单词都当作网页的关键词，但是关键词过多往往弄巧成拙，吸引用户的效果反而不明显了。

正如所有商标侵权纠纷一样，隐形商标侵权纠纷的关键也会造成公众的误认，即公众会以为其要查询的商标所在的网页与实际访问的网页之间有某种联系。但是在这种情况下，要证明误认的可能是相当困难的。因为隐形使用他人商标时一般并不揭示被查询的商标与网页经营的产品或服务有任何关系。但是隐形使用他人商标，靠他人的商业信誉把用户吸引到自己的网页，总不免有淡化、贬低他人知名商标、商号之嫌。

随着我国网络技术和电子商务的快速发展，网络上的商标侵权纠纷尤其是电子形式的商标侵权案频频出现。

只有加强对互联网的管理，最大限度地制约侵犯知识产权现象的发生，电子商务活动才能蓬勃、健康地发展。必须依靠广大网络使用者对网络知识产权重要性认识的提高，依靠互联网上各级网络维护者的严格把关，网络知识产权的纠纷才可能从根源被遏制。

5.2　域名的法律保护

5.2.1　域名的产生与发展

1969 年，美国军方为实现战时通信联络的方便，实施了一项名为"ARPANET 阿帕网"的计划，将 4 台计算机通过技术手段组成一个网络。20 世纪 70 年代，在美国国防部高级研究计划署的支持下，研究人员成功地实现了不同网络之间的互联，当时被称为"网络之网"。20 世纪 80 年代，根据网络互联协议（TCP/IP）将"网络之网"正式定义为"Internet"，音译为"因特网"，根据技术术语译为"互联网"。

在 TCP/IP 中，每一个联入互联网的"网络"为一个局域网（Intranet），一个局域网有一台核心机器和与核心机器相连的若干计算机，为了便于识别各个局域网、核心机器以及众多的计算机，TCP/IP 规定了一种互联网的网址，用 4 组以圆点隔开的阿拉伯数字表示，例如 168.164.224.140。这种地址的每一组均可选择阿拉伯数字 0~255 中的任何一个整数，分别对应于 8 位二进制代码，4 组数字最多为 12 位阿拉伯数字，对应于 32 位二进制代码。

互联网采用 IP 地址，使联网机器的管理有序且直观，但是对于计算机使用者来说，这些数字是那样的冗长、毫无特色、难以记忆和识别。于是研究人员设计了一种新的标识系统——域名系统（DNS）。它以一系列的代表一定意义的字母或字母缩写来替代由阿拉伯数字组成的 IP 地址。例如，在 IP 地址的举例中对应的域名为 http://www.bitc.edu.cn/，它是北京信息职业技术学院的域名，与其对应的网址是 168.164.224.140。互联网用户如果要访问该学院的网站，只需在浏览器地址栏中键入 www.bitc.edu.cn，确定所要访问的网站，由安装在访问方主机上的域名系统负责自动完成域名与 IP 地址之间的转换。

人们往往将 IP 地址与域名混为一谈，事实上，就其代表的技术内涵来看，它们是有本质区别的。但是 IP 地址与域名对应于网站是独一无二的，两者之间的外部表现，即标识功能是一致的。因此世界知识产权组织（World Intellectual Property Organization，WIPO）将域名称为易记、易辨认的"友善"计算机地址。而在电子商务领域，域名的作用已覆盖了 IP 地址，商业价值主要体现在域名上，电子商务的法律问题自然也聚焦于域名上。

5.2.2 域名的概念和法律特征

1. 域名的概念

域名是指互联网上识别和定位计算机的层次结构式的字符标识，与该计算机的 IP 地址相对应。简单来说，是接入互联网的单位在互联网上的名称，在网上，人们通过域名来查找入网单位的网络地址。真正的互联网网络地址是一串数字，就如同电话号码一样，如 159.26.1.17。如果一个互联网用户在他的计算机上输入这串地址，计算机就可以通过互联网与这个地址相对应的计算机连接起来，如调出这台计算机上的主页。为了便于记忆和使用互联网地址，人们将数字地址对应成域名，当互联网用户在计算机上输入域名时，计算机上的互联网软件通过域名服务器将域名自动转换成对应的数字地址。

2. 域名的法律特征

域名的法律特征在很大程度上取决于它的技术特征，其主要内容包括：

（1）标识性

域名产生的基础是为了在互联网上区分各个不同组织与机构，即计算机用户。正如人以自己的名字来相互识别一样，在互联网上，不同的组织机构是以各自的域名来标识自身以相互区别的。

（2）唯一性

为了保证域名标识作用的发挥，域名必须在全球范围内具有唯一性。由于域名的命名具有一定的规范性，同时它又与 IP 地址等价，具有高度的精确性，在此技术保障基础上，域名便具有全球唯一性，每个域名都是独一无二的。这是域名标识性的根本保障。

（3）排他性

由于互联网是覆盖全球的，使用范围的广泛性决定了域名必须具有绝对的排他性。在互联网上使用域名必须先申请注册，申请注册遵循"先申请先注册"的原则，即只有欲申请注册的域名不与已注册的所有域名相同，才能获得有效注册，一旦获得注册，它就必须排斥此后欲申请注册的与此相同的域名。可见，域名的排他性是其唯一性的进一步延展和必要保证。域名的唯一性是全球范围的，因此排他性也必须是全球性的、绝对的。

5.2.3 域名的法律性质及其与商标、商号的区别

概括来说，有关域名的法律问题主要包括两类：一类是域名本身的法律性质问题，它涉及域名与商标、商号、原产地名称等的关系问题；另一类是域名注册行为的法律性质问题。

根据域名的上述法律特征，我们可以看到，它与商标、商号在法律上有着一定的联系与区别。

1. 域名与商标

商标是区别商品或服务的标志，使用在相同或相似种类的商品上，并且必须具有显著性，从而发挥识别商品的功能，在这一基础功能上，商标又派生出表示商品来源或出处、促使商品生产者和经营者保证商品质量和广告宣传等功能。无疑，商标和域名都有一定的标识性和排他性，并且都具有广告宣传的功能，这是它们的共同之处。它们的区别主要有：

（1）适用的对象不同

商标是用来标识商品或服务的，只能用在商品或服务上；而域名是用来标识计算机用户的，计算机用户不是商品。

（2）标识性的基础不同

商标的标识性源于其显著性，而域名的标识性则是由它的唯一性予以保证的。

（3）排他性的基础不同

已注册的商标在不同种类的商品（或服务）上，或在申请注册的地域范围之外，或是超出注册的有效期使用就不具有排他性，商品种类、地域性和时效性是商标排他性的依据，并且这种排他性是相对的。已注册的域名从理论上讲，只要按时缴纳少量维护费，就可以在全球范围内无限期地与所有已注册或将注册的域名相排斥，既无地域性，也无时效性，并且是绝对的。唯一性和先申请先注册原则是域名排他性的基础。

（4）取得的原则不同

域名采取注册在先原则，不先进行注册就不得在互联网上使用。商标取得的原则因国家而异，有的国家采取注册在先原则，有的国家采用使用在先原则，有的国家采取折中方案。

2. 域名与商号

域名和商号都可用于区分不同的公司，具有一定的标识性和排他性，并且从理论上讲，这种标识性和排他性都是无限期的。另外，域名和商号一般都以注册或登记为前提，这是它们的共同之处。它们的主要差异在于，商号的标识性和排他性要受到地域范围的限制，具有地域性，而域名的标识性和排他性则无此限制，它是全球性的，因而是绝对的。另外，从直观上看，商号一般采取文字的形式，域名则可以以电子数据的形式存在。

由此可见，域名因其特有的法律特征而与商标和商号存在很多相同和相异之处，这一点已成为许多学者的共识。但是在域名的法律性质上，大家的观点各不相同。例如，有人认为，域名作为企业在电子空间的标志，不仅具有无形资产的属性，而且具有一般的电话号码所不具有的知识产权的属性；有人认为，域名是一种可以集商号、商标为一体的全新的知识产权客体；有人从域名的商标效应方面考虑；有人将之归入商誉；有人将其明确列为与商标、商号并列的商业标记权；有人侧重于探究域名的唯一性和作为相对有限的稀缺性资源，以此说明其无形价值与知识产权的内在关联等。这些探讨都有启发意义和学术价值。

由于域名与商号、商标有着必然联系，是传统意义上的知识产权在电子空间的自然延伸，且域名的法律特征与商标权等传统知识产权的法律特征有着重要的差异，不具有这些知识产权所固有的时效性和地域性，因此本书较为支持的观点是，在法律性质上域名是与传统知识产权有关又没有必然联系的一种全新的权利的客体。这种权利可以暂时称之为域名权，它是一种区别于创造性成果权的识别性标记权，属于较广泛意义上的知识产权。据此域名权，组织或个人有以自己合法拥有的商标、商号等注册为域名的权利，他人不得以相同的字符组合作为域名注册。

3. 域名的作用

域名的作用随着电子商务的飞速发展已经远远超出其识别和定位的作用。域名对于企业来说是其进行销售、宣传等各项活动的标志，当顾客经常使用企业的域名时，域名便可以产生与企业的名称或商标相同的作用。在实践中，有许多企业正是以其企业的名称或其拥有的商标作为域名使用的，这无疑对提高企业的知名度和树立企业形象具有十分重要的作用。在电子商务领域，域名的这种标识作用将网络世界的资源带给企业，为企业带来无限的商机。对于企业来说，域名的作用将会同商标一样成为企业的无形资产。

5.2.4 域名管理的相关法律规定

互联网的飞速发展使域名系统的管理问题日益突出，为规范互联网域名服务，保护用户合法权益，保障互联网域名系统安全、可靠运行，推动中文域名和国家顶级域名发展和应用，促进中国互联网健康发展，根据《中华人民共和国行政许可法》《国务院对确需保留的行政审批项目设定行政许可的决定》等规定，参照国际上互联网域名管理准则，2004年中华人民共和国工业和信息化部（以下简称"工信部"）颁布实施了《中国互联网络域名管理办法》。实施以来，该办法对促进我国域名服务发展发挥了重要作用，我国已经成为域名注册和使用大国。与此同时，随着我国互联网的迅速发展以及互联网域名地址分配机构（ICANN）新通用顶级域名（New gTLD）计划的实施，我国域名服务的从业机构、服务种类迅速增加，域名服务监管面临新的挑战，存在事中事后监管手段不足等问题。为适应我国域名行业发展新形势和管理新要求，2017年8月16日，工信部对《中国互联网络域名管理办法》进行了修订，颁布实施了《互联网域名管理办法》。该办法对在中华人民共和国境内从事域名注册服务及相关活动进行了规定，主要包括以下重要内容：

1. 域名系统的管理机构

（1）行政管理机构

工信部负责对全国的域名服务实施监督管理，主要职责是制定互联网络域名管理的规章及政策；制定中国互联网域名体系和域名资源发展规划；管理境内的域名根服务器运行机构和域名注册管理机构；负责域名体系的网络与信息安全管理；依法保护用户个人信息和合法权益；负责与域名有关的国际协调；管理境内的域名解析服务；管理其他与域名服务相关的活动。

此外，部和省级通信管理局的职责分工也得到了明确。各省、自治区、直辖市通信管理局对本行政区域内的域名服务实施监督管理，主要职责是贯彻执行域名管理法律、行政法规、规章和政策；管理本行政区域内的域名注册服务机构；协助工信部对本行政区域内的域名根服务器运行机构和域名注册管理机构进行管理；负责本行政区域内域名系统的网络与信息安全管理；依法保护用户个人信息和合法权益；管理本行政区域内的域名解析服务；管理本行政区域内其他与域名服务相关的活动。

（2）域名根服务器及域名根服务器运行机构

申请设立域名根服务器及域名根服务器运行机构的，应当具备以下条件：域名根服务器设置在境内，并且符合互联网发展相关规划及域名系统安全稳定运行要求；是依法设立的法人，该法人及其主要出资者、主要经营管理人员具有良好的信用记录；具有保障域名根服务器安全可靠运行的场地、资金、环境、专业人员和技术能力以及符合电信管理机构要求的信息管理系统；具有健全的网络与信息安全保障措施，包括管理人员、网络与信息安全管理制度、应急处置预案和相关技术、管理措施等；具有用户个人信息保护能力、提供长期服务的能力及健全的服务退出机制；法律、行政法规规定的其他条件。

（3）域名注册管理机构

域名注册管理机构是指依法获得许可并承担顶级域名运行和管理工作的机构。申请设立域名注册管理机构，应当具备以下条件：①域名管理系统设置在境内，并且持有的顶级域名符合相关法律法规及域名系统安全稳定运行要求；②是依法设立的法人，该法人及其主要出资者、主要经营管理人员具有良好的信用记录；③具有完善的业务发展计划和技术方案以及与从事顶级域名运行管理相适应的场地、资金、专业人员，以及符合电信管理机构要求的信息管理系统；④具有健全的网络与信息安全保障措施，包括管理人员、网络与信息安全管理制度、应急处置预案和相关技术、管理措施等；⑤具有进行真实身份信息核验和用户个人信息保护的能力、提供长期服务的能力及健全的服务退出机制；⑥具有健全的域名注册服务管理制度和对域名注册服务机构的监督机制；⑦法律、行政法规规定的其他条件。符合上述条件的机构，可以向工信部提交申请材料。

域名注册管理机构应当自觉遵守国家相关的法律、行政法规和规章，保证域名系统安全、可靠地运行，公平、合理地为域名注册服务机构提供安全、方便的域名服务。无正当理由，不得擅自中断域名注册服务机构的域名注册服务。应当配置必要的网络和通信应急设备，制订切实有效的网络通信保障应急预案，健全网络与信息安全应急制度。

（4）域名注册服务机构

域名注册服务机构是指依法获得许可、受理域名注册申请并完成域名在顶级域名数据库中注册的机构。从事域名注册服务活动，应当具备下列条件：①在境内设置域名注册服务系统、注册数据库和相应的域名解析系统；②是依法设立的法人，该法人及其主要出资者、主要经营管理人员具有良好的信用记录；③具有与从事域名注册服务相适应的场地、资金和专业人员以及符合电信管理机构要求的信息管理系统；④具有进行真实身份信息核验和用户个人信息保护的能力、提供长期服务的能力及健全的服务退出机制；⑤具有健全的域名注册服务管理制度和对域名注册代理机构的监督机制；⑥具有健全的网络与信息安全保障措施，包括管理人员、网络与信息安全管理制度、应急处置预案和相关技术、管理措施等；⑦法律、行政法规规定的其他条件。符合上述条件的，可以向工信部申请设立注册管理机构。

域名注册服务机构应当自觉遵守国家相关法律、行政法规和规章，公平、合理地为用户提供域名注册服务。不得采用欺诈、胁迫等不正当的手段要求用户注册域名。域名注册服务机构的名称、地址、法定代表人等登记信息发生变更或者域名注册服务机构与其域名注册管理机构的合作关系发生变更或终止时，域名注册服务机构应当在变更或终止后三十日内报工信部备案。

因国家安全和处置紧急事件的需要，域名注册管理机构和域名注册服务机构应当服从工信部的统一指挥与协调，遵守并执行工信部的管理要求。工信部应当加强对域名注册管理机构和域名注册服务机构的监督检查，纠正监督检查过程中发现的违法行为。

2. 域名注册申请者

顾名思义，申请注册域名的组织或个人为域名注册申请者。注册域名遵循先申请先注册原则，域名注册服务机构及域名注册管理机构需对申请者提出的域名是否违反了第三方的权利和申请人的真实身份进行核验。

3. 我国互联网络域名体系结构

我国互联网的域名体系由工信部以公告形式予以公布。根据域名发展的实际情况，工信部可以对互联网的域名体系进行调整，并发布更新公告。

（1）顶级域名

我国在国际互联网络信息中心（InterNIC）正式注册并运行的顶级域名是 cn。在顶级域名 cn 下，采用层次结构设置各级域名。

（2）二级域名

我国互联网络的二级域名分为"类别域名"和"行政区域名"两类英文二级域名。"类别域名" 7 个，说明域名持有者的属性（见表 5-1）；"行政区域名" 34 个，适用于我国的各省、自治区、直辖市、特别行政区的组织（见表 5-2）。

表 5-1　我国的类别域名

域名	意义
ac	适用于科研机构
com	适用于工、商、金融等企业
edu	适用于教育机构
gov	适用于政府机构
mil	适用于国防机构
net	适用于提供互联网服务的机构
org	适用于非营利性的组织

表 5-2　行政区域名

域名	意义	域名	意义	域名	意义	域名	意义	域名	意义
bj	北京市	sh	上海市	tj	天津市	cq	重庆市	he	河北省
sx	山西省	nm	内蒙古自治区	ln	辽宁省	jl	吉林省	hl	黑龙江省
js	江苏省	zj	浙江省	ah	安徽省	fj	福建省	jx	江西省
sd	山东省	ha	河南省	hb	湖北省	hn	湖南省	gd	广东省
gx	广西壮族自治区	hi	海南省	sc	四川省	gz	贵州省	yn	云南省
xz	西藏自治区	sn	陕西省	gs	甘肃省	qh	青海省	nx	宁夏回族自治区
xj	新疆维吾尔自治区	tw	台湾省	hk	香港特别行政区	mo	澳门特别行政区		

（3）三级域名的命名原则

1）三级域名用字母（A~Z，a~z，大小写等价）、数字（0~9）和连接符（-）组成，各级域名之间用实点（.）连接，三级域名长度不得超过 20 个字符。

2）如无特殊原因，建议采用申请人的英文名（或缩写）或汉语拼音名（或缩写）作为三级域名，以保持域名的清晰性和简洁性。

（4）三级以下（含三级）域名命名的限制原则

1）未经国家有关部门的正式批准，不得使用含有"CHINA""CHINESE""CN""NATIONAL"等字样的域名。

2）不得使用公众知晓的其他国家或者地区名称、外国地名、国际组织名称。

3）未经各级地方政府批准，不得使用县级以上（含县级）行政区划名称的全称或者缩写。

4）不得使用行业名称或者商品的通用名称。

5）不得使用他人已在中国注册过的企业名称或者商标名称。

6）不得使用对国家、社会或者公共利益有损害的名称。

4. 我国互联网中文域名体系

中文域名是含有中文文字的域名，是我国域名体系的重要组成部分。为积极推进中文网络信息资源的开发，加快中文域名的应用，CNNIC 中文域名系统于 2001 年正式提供注册服务。

CNNIC 中文域名体系具有以下特点：

1）高度兼容。这一系统可以同时提供中英文混合域名（如中文域名 . cn）与纯中文域名（如中文域名 . 公司）两种方案，而且可以使之与现有的英文域名系统高度兼容。

2）繁简转换，两岸互通。该系统支持简繁体的完全互通解析。

3）兼顾多种标准，符合国际趋势。从体系上看，中文域名体系完全与国际中文域名技术发展趋势保持一致，提供通用一致的服务器端平台。选用的编码格式兼顾了国际标准、国家标准和行业标准。

4）使用方便，适用面广。在使用"中文域名 . cn"时，用户不必安装客户端程序，用户所使用的 ISP 服务器也不用做任何的修改。用户使用"中文域名 . 中国"进行访问时，也不必安装客户端程序，只需要改动为用户提供服务的 ISP 服务器，或者改变用户自己操作系统的 DNS 的配置，又或使用 CNNIC 的服务器。该系统还提供了解决防火墙限制的办法。

5.2.5 域名纠纷的解决

1. 国际组织对有关域名纠纷的解决方案

目前，还没有明确的国内或国际的知识产权法来保护域名，这种"无法"状态会妨碍全球电子商务的进一步发展。由于互联网系统管理制度的特殊性，如今要改革这种制度，建立合理的、稳定的、兼顾全球各区域和各国或地区利益的、商业性的域名管理新体系，单靠互联网发源地——美国一家的行动是不行的。国际上的许多组织也在针对此方面的问题作着不懈的努力，其主要解决方案有：

（1）《互联网域名系统通用顶级域谅解备忘录》

1997 年 5 月 1 日，来自世界各国和地区的 150 位代表联合签署了《互联网域名系统通用顶级域谅解备忘录》。

会议认为，通用顶级域名是国际共有的公共资源，不应由一国垄断，应引进竞争机制，建立全球共同参加的多边管理模式。《互联网域名系统通用顶级域谅解备忘录》对互联网域名系统的政策、结构和运作方式提出了一个总体框架，其内容包括对域名系统、顶级域名、二级域名、通用顶级域名、域名登记、登记实体、登记协会等的定义，以及对域名登记工作的管理、监督、保管、仲裁等机构做出的一系列规定。其中涉及域名登记和处理纠纷的内容主要有：

1）成立通用顶级域名登记处，对顶级域名登记人的资格、权限及域名的分配进行管理。

2）成立域名管理仲裁委员会。由世界知识产权组织仲裁和调解中心确定成立互联网争端仲裁小组的步骤，但世界知识产权组织的工作人员不得参加由个人或公认的专家组成的独立仲裁小组。

3）新的域名注册仍采用"先到先服务"的政策，谁先注册，谁先拥有，但增加了 60 天的争议期，若在 60 天没有异议，此注册即可生效。

（2）《统一域名争议解决办法程序规则》

ICANN（The Internet Corporation for Assigned Names and Numbers）互联网名称与数字地址分配机构成为全球域名体制的总管理者后，于 1999 年末推出《统一域名争议解决办法程序规则》（UDRP）。该规则根本性地变革了以域名注册服务商 NSI 规则为代表的传统非司法域名抢注争议解决模式，现已成为解决域名争议的主要手段和打击域名抢注行为的重要武器。

该规则将域名争议区分为非域名抢注争议和域名抢注争议两类。此外，UDRP 的执行细则对于域名抢注争端解决进行的具体程序做出了详细规定。依据该执行细则：若申请人认为域名注册人对域名进行了恶意注册和恶意使用，其必须选定一家争端解决者提交申请书，争端解决者将在 3 日内将申请书的一份副本转交域名注册人，该域名注册人有 20 日时间准备答辩。在收到域名注册人的答辩或答辩期满后，争端解决者将在 5 日内组成专家组，该专家组将在成立后 14 日内做出裁决，并在裁决做出后 3 日内通知双方当事人。从申请人发动程序到专家组做出裁决，整个程序最大耗时为 42 日。尽管如此，由于 UDRP 下的整套程序是行政性的而非司法性的，因而 UDRP 并没有剥夺当事人可以将域名抢注争议诉诸法院的权利。

2. 我国对有关域名纠纷的解决方案

为加强对互联网域名的管理，使域名纠纷能便捷、顺利地解决，明确在解决域名纠纷时的法律适用问题，2000 年 8 月北京市高级人民法院发布了《关于审理因域名注册、使用而引起的知识产权民事纠纷案件的若干指导意见》，2001 年 6 月，中华人民共和国最高人民法院发布了《最高人民法院关于审理涉及计算机网络域名民事纠纷案件适用法律若干问题的解释》。这两个文件的颁布为解决域名纠纷提供了明确的途径和方法。

最高人民法院的司法解释和北京市高级人民法院的指导意见，阐明了有关域名纠纷的管辖法院，根据案件的性质进行归类，确认适用法律并明确提出了认定域名抢注的标准。这两个文件概括起来有以下主要内容：

（1）域名纠纷案件的受理

对于涉及计算机网络域名注册、使用等行为或当事人因域名注册、使用与已经注册的商标、企业和其他组织名称等发生冲突而向人民法院起诉的民事纠纷，经审查符合民事诉讼法第一百零八条规定的，人民法院应予以受理。

（2）域名纠纷案件的管辖

涉及域名的侵权纠纷案件，由侵权行为地或者被告住所地的中级人民法院管辖。对难以确定侵权行为地和被告住所地的，原告发现该域名的计算机终端等设备所在地可以视为侵权行为地。

涉外域名纠纷案件包括当事人一方或者双方是外国人、无国籍人、外国企业或组织、国际组织或者域名注册地在外国的域名纠纷案件。在中华人民共和国领域内发生的涉外域名纠纷案件，依照民事诉讼法第四篇的规定确定管辖。关于管辖，北京市高级人民法院在指导意见中规定：诉讼标的额超过300万元的，由高级人民法院作为第一审法院；当域名注册地亦是侵权行为地时，注册地人民法院可以管辖。

（3）域名纠纷案件的分类

对于域名纠纷案件，应根据双方当事人争议的法律关系的性质确定案由，并在其前冠以计算机网络域名，争议的法律关系的性质难以确定的，可以通称为计算机网络域名纠纷案件。

原告以域名侵犯其商标权为由起诉的，应确定为侵犯商标权纠纷；以不正当竞争行为起诉的，应依据不正当竞争行为的性质确定案由。

（4）侵权或者不正当竞争行为的认定

1）原告请求保护的民事权益合法有效。

2）被告域名或其主要部分构成对原告驰名商标的复制、模仿、翻译或音译，或者与原告的注册商标、域名等相同或近似，足以造成相关公众的误认。

3）被告对该域名或其主要部分不享有权益，也无注册、使用该域名的正当理由。

4）被告对该域名的注册、使用具有恶意。

（5）恶意注册域名的认定

1）为商业目的将他人驰名商标注册为域名的。

2）为商业目的注册、使用与原告的注册商标、域名等相同或近似的域名，故意造成与原告提供的产品、服务或者原告网站的混淆，误导网络用户访问其网站或其他在线站点的。

3）曾要约高价出售、出租或者以其他方式转让该域名获取不正当利益的。

4）注册域名后自己并不使用也未准备使用，而有意阻止权利人注册该域名的。

5）域名持有人对该域名标记不享有任何其他在先的权利。

6）具有其他恶意情形的。被告举证证明在纠纷发生前其持有的域名已经获得一定的知名度，且能与原告的注册商标、域名等相区别，或者具有其他情形足以证明其不具有恶意的，人民法院可以不认定被告具有恶意。

关于恶意情形，北京市高级人民法院在指导意见中具体指出了以下几种情形：①域名持有人提出向权利人出售、出租或以其他方式有偿转让域名；②为营利目的，以故意混淆域名与权利人商标、商号的方式引诱网络用户进入其网页或者其他在线服务；③为阻止他人将商标、商号用于域名注册；④为损害他人的商誉而注册域名等。

7）法律适用。人民法院审理域名纠纷案件，对于恶意将他人驰名商标注册、盗用为域名的行为，违反诚实信用原则、违背公认的商业道德、构成侵权行为的应当适应相当法律规定；构成不正当竞争行为的，适用《中华人民共和国民法典》和《中华人民共和国反不正当竞争法》。

8）法律责任。因域名注册构成不正当竞争的，人民法院可判令域名持有人或使用人停止使用、申请撤销或变更域名，因实施不正当竞争行为给权利人造成损害的，还应判令其赔偿损失。

此外，我国国家顶级域名 cn 和中文域名系统的注册管理机构中国互联网络信息中心也于 2012 年公布施行了《中国互联网络信息中心域名争议解决程序规则》；2014 年 11 月，中国国际经济贸易仲裁委员会也就《中国互联网络信息中心域名争议解决办法》制订了补充规则；同月中国互联网络信息中心制定发布了《中国互联网络信息中心国家顶级域名争议解决办法》，原《中国互联网络信息中心域名争议解决办法》同时废止。2019 年 6 月中国互联网络信息中心制定发布了《国家顶级域名争议解决办法》，原《中国互联网络中心国家顶级域名争议解决办法》同时废止。

5.3　电子商务中的著作权问题

5.3.1　著作权概述

1. 著作权的概念

著作权也称版权，是指法律赋予文学、艺术、科学作品的作者对其创作的作品所享有的专有权利。

著作权的保护对象是作品。根据《中华人民共和国著作权法实施条例》（以下简称《著作权法实施条例》）第二条的规定，作品是指文学、艺术和科学领域内具有独创性并能以某种有形形式复制的智力成果。根据这一定义，只有具备"独创性"和"可复制性"这两个实质要件的，方可成为《中华人民共和国著作权法》（以下简称《著作权法》）保护的客体。

随着计算机技术的发展，作品的形式和载体不再限于文字和纸面。作品的文字输进计算机被数字化，纸面变成了软盘、硬盘、磁带、CD – ROM 等多种载体形式。这些作品又能被传输到网络空间，组合成"网页"，又形成了网络作品。有的作者则借助计算机信息网络技术将其智力创作成果直接传输到网络上，省去了许多中间环节。这些变化后的作品，或称被数字化的作品是不是原作品，作品的数字化过程是不是享有著作权的创作，这些都关系到著作权在网络空间能否得到保护的基本问题。

《著作权法》及其实施条例对于作品的存在形式及载体并无任何具体要求。事实上，数字化作品与传统作品的区别仅在于作品存在形式和载体的不同，作品的表现形式不会因数字化而有丝毫改变，也不会因数字化而丧失"独创性"和"可复制性"，因此以数字化形式存在于磁盘等介质上的网络信息，如具备作品实质要件的，应当构成作品，受《著作权法》保护；同时，该数字化作品著作权有关的邻接权也是《著作权法》保护的客体。

2. 著作权的主要权利在网络技术下的调整和变革

权利是知识产权保护的核心内容，互联网的飞速发展势必导致著作权保护制度中原有的权利内容发生或大或小的变化，著作权保护体系面临着调整和变革。

（1）经济权利

著作权人及邻接权人主要的经济权利在网络世界里正发生着或大或小的变化。网络数字技术产生的网上复制给复制权、发行权、传输权带来了新问题。

1）复制权。对网络上广泛存在的复制尤其是暂时复制问题，美国、欧盟乃至世界知识产权组织都对此进行了深入的研究，并提出了一些相应的法律对策，司法实践中也在逐步地调整和变化，复制权目前仍是争论的焦点之一。

2）发行权。发行权是向公众提供复制件的专有权，发行就是经过权利人许可向公众提供复制件的行为。

那么网络传输是不是属于发行的一种呢？如果在网络上传输的是复制件，则网络传输就属于发行。而网络传输中的复制很多情况下是暂时传输，《世界知识产权组织版权条约》（WCT）和《世界知识产权组织表演和录音制品条约》（WPPT）中明确规定只有通过有形载体固定作品并将这种复制件投入流通才构成条约意义下的"发行"。因此，通过互联网络进行传输，不在发行权范围之内，而是属于著作权人的另一项独立权利。

3）传输权。1996 年世界知识产权组织通过的两个新条约把网络传输排除在发行以及出租之外，而归属于著作权人的传输权的保护中。此外，如果网络传输导致在接受的一端形成复制件，未经授权不能进一步向公众传输或发行作品。

（2）精神权利

保护精神权利就是承认作者的智力劳动，提高作者创作的积极性，从而促进文学艺术和科学的创作。网络世界中，作者的精神权利受到严峻挑战，这不仅影响作者的智力创作，也损害互联网的发展，因此，更应重视精神权利的保护。

为了保证公众从网上获取信息的真实可靠性，有必要对作者的精神权利进行保护。同时作者的精神权利与经济权利是相辅相成的，精神权利的保护有助于经济权利的实现，这一点在网络世界中依然是成立的。

5.3.2　网上作品的侵权形式

网上作品的著作权所有者最担心的是作品未经许可被普遍下载，并且得不到任何报酬。作品一旦上网公开，就可能被人任意下载，著作权所有人很难控制作品的非法下载，也得不到应有的报酬。网站在作品第一次进入数据库后，应保证作者得到应有的报酬。但是，如果有人将作品再次上网公开，就可能被人任意下载，令著作权所有人对作品完全失去控制。网络会导致作品在全球范围传播，这可能使其作者遭受巨大损失。这种侵权事件在网络上屡见不鲜，常见的有以下几种形式。

1）利用他人享有著作权的作品在网上营利。

2）利用电子公告板。互联网上有许多分专题供人自由上传文字、图片、游戏、音乐等内容的电子公告板，其他人也可以从公告板上自由下载自己喜欢的内容。侵权者未经许可将他人作品上载到网站的电子公告板上，无疑是一种侵权行为。

3）利用电子邮件传播受著作权保护的作品。互联网提供了一种高效快捷的通信工具，用电子邮件给一个人发邮件和向一万个人发邮件在时间上和操作上是完全一样的，有些音乐迷和体育迷的团体利用互联网互相传递、交换热门的音乐和体育图片，还有游戏团体相互发送游戏等软件。也有人利用他人的作品建立起自己的数据库，其他人可以利用网上的文件传输协议（FTP）文件传输功能，从数据库中取走作品文件。

4）建立个人网站公开发布他人享有版权的作品。在计算机发烧友和流行音乐迷中有一些人，热衷于建立专门供人下载和交换热门软件或时下流行歌曲的"酷站"，在"同行"的圈子中显示资源的"丰富"。由于这类团体会员数量众多，著作权所有人的损失很大。

如网上的数字化作品极易被下载复制，且操作简单，效率极高，无须专业知识。在反复被复制、传送的过程中，数字化窗口能够保持原作的质量水平，没有"失真"，传送过程中的衰减和缺损会自动被"修补"好等。但是网上作品一旦失去保护，便极易造成侵权现象。

在原作上注明的作者姓名、创作年月、著作权所有声明等著作权信息的内容在变成数字文件后，由于数据的易改动性，极易被消除或伪造，而且不留任何痕迹，使他人难辨真伪。在对商品的推介中也很容易冒用他人的著名商标标识，迷惑用户，达到自己营利的目的。

5.3.3　网络著作权的保护

1. 技术措施的法律保护

互联网的数字技术使作品的复制变得廉价、简便和快捷，从而大大刺激了非法盗版的产生，而网络环境又使侵权的结果迅速在全球范围内扩散。因此著作权人在网络时代越来越没有安全感，而不得不求助于技术手段来防止侵权行为的发生。这些技术措施能够防止作品被他人擅自访问、复制、操纵、散发和传播，并且方便了著作权授权和使用监督。技术措施主要包括控制访问的措施和控制使用的措施。

控制访问的措施可以在网络上的某个信息发出端或某个信息接收端上实施。该措施可以让用户无法访问该网站或该网站的某个作品。

控制使用的措施是被用来控制用户复制及传播作品的措施。如"串行复制管理系统"（SCMS）就是一个被广泛采用的控制数字化复制的措施。其他的控制措施还包括电子文档指示软件、电子签名以及电子水印等。

2. 数据库的特殊权利保护

数据库的创建者们花费了大量的心血来投资和组建数据库，为了提高数据库创作者的积极性，使其辛勤劳作的结果不被侵犯，必然要对其进行保护。但是数据库享有著作权的保护有许多障碍，而且著作权保护本身也具有局限性。首先，是汇编客体的局限。现行规定将汇编客体限定为著作权作品或其片段既不符合《保护文学和艺术作品伯尔尼公约》（以下简称《伯尔尼公约》）和《与贸易有关的知识产权协定》（即《TRIPs》）等国际条约的规定，也不适应我国著作权的保护，应尽快取消这一限制。其次，是"选择与编排"的原创性标准模糊。原创性是一个高度概括、具有弹性的标准。原创性标准要求汇编内容在"选择与编排"上具有原创性，因此对"选择与编排"的解释成为理解原创性的关键。然而这两个词本身都具有相当广泛的含义，难以界定。再次，著作权的保护只限于汇编的结构，不延及汇编的内容。

引入数据库的特殊权利保护，是为了能够全面、妥善地保护数据库，这顺应了数据库信息产业的发展。数据库的特殊权利保护是一种独立于著作权保护的法律制度，其根本目的就是保护数据库制作者在数据库上的投资。数据库的特殊权利保护目前正在三个层次上推进，即美国试图建立的国内保护、欧盟已经建立的联盟内区域保护以及世界知识产权组织拟议的国际保护。这三个层次相互推进，相互影响，但各有各的局限性。目前，亟待解决的就是真正建立一种国际通用规则来规范这种特殊保护。

3. 网络作品的人身权利保护

虽然《著作权法》中的有关权利的保护基本适用于网络环境，但鉴于网络的特点，有必要强调网络环境下的人身权利保护。有人曾说国际互联网将成为作者人身权利的"终结者"。在网络上，每个人都有能力同时成为作者、出版商和侵权者。人身权利保护面临着抉择：网络上还有没有人身权利的位置？如何在网上实现保护？

网络环境下，作者、表演者的人身权利仍然需要获得法律的有效保护，这一点是肯定的，不仅是为了作者、表演者的利益，更是为了公众的利益。另外，人身权利的保护还对财产权利的实现有所帮助。但在网络环境下，人身权利受到前所未有的挑战，每个人都能够轻而易举且天衣无缝地改变他人的作品，并向全球传播。在网络环境下保护作者的人身权利，也是为了保证公众获得真实、可靠的信息。

2006 年国务院制定颁布了《信息网络传播权保护条例》，并于 2013 年进行了修订，旨在保护著作权人、表演者、录音录像制作者的信息网络传播权，鼓励有益于社会主义精神文明、物质文明建设的作品的创作和传播。人身权利受到新的传播环境的影响，面临着新的挑战，一味提高保护水平可能影响互联网的发展并阻碍作品传播和著作权产品的流通。这就需要使人身权利保护保持在适当的限度。找到调整保护水平的合适尺度，合理使用是第一个尺度；允许作者放弃人身权利，这是第二个尺度，目的在于减轻著作权产品在市场上流通的障碍，使人身权利顺应市场经济的需要。衡量网络上人身权利保护的第三个尺度是假名和匿名的作品不受保护。

5.3.4　计算机软件的保护

1. 计算机软件的概念及特征

计算机软件是指计算机程序及其有关文档。计算机程序是指为了得到某种结果而可以由计算机等具有信息处理能力的装置执行的代码化指令序列，或可被自动换成代码化指令序列的符号化指令序列或符号化语句序列。计算机程序包括源程序和目标程序，同一程序的源文本和目标文本应视为同一作品。文档是指用自然语言或形式化语言所编写的文字资料和图表，用以描述程序的内容、组成、设计、功能规格、开发情况、测试结果及使用方法。

计算机软件具有自身的特点。首先，它是人类脑力劳动的智慧成果。计算机软件的产生，凝聚了开发者的大量时间与精力，是人脑周密逻辑的产物。其次，它具有极高的价值。一个好的计算机软件必然具有极高的社会价值和经济价值，它能应用于社会的各个领域，而且还能促进软件产业的发展，并取得良好的经济效益。再次，它具有易复制、易改编的特点，往往成为不法分子盗版和篡改利用的对象。

2. 计算机软件立法保护的沿革

（1）计算机软件著作权立法保护的历史发展及现状

由于计算机软件具有上述特点，自20世纪70年代以来，世界各国普遍加强了计算机软件的立法保护。1972年，菲律宾在其著作权法中规定"计算机程序"是其保护对象，成为世界上第一个用著作权法保护计算机的软件的国家。在美国，美国版权局1964年就已开始接受程序的登记，美国国会于1974年设立了专门委员会，研究同计算机有关的作品生成、复制、使用等问题，并于1976年和1980年两次修改其著作权法，明确了由著作权法保护计算机软件。随后，匈牙利于1983年，澳大利亚及印度于1984年先后把计算机软件列为著作权法的保护客体。由于软件著作权具有严格的地域性，通过订立国际条约实现软件著作权的国际保护就显得十分必要。目前，尚没有关于计算机软件保护的专门性国际条约。世界知识产权组织曾于1978年公布了称为《关于保护计算机软件的示范条款》的建议性文件，作为对各国保护立法的一种建议和参考，但在公布后的实践中，该示范条款并未产生多大影响。1983年，世界知识产权组织提出了《计算机软件保护条约（草案)》，要求条约成员国国内法律达到一定的"最低要求"，以防止和制裁侵犯软件权利人权利的行为。但是各国专家普遍认为，缔结新条约的难度较大，且在目前情况下，大部分国家都以著作权法保护计算机软件，只要能将计算机软件纳入著作权法的国际公约中，就能达到保护的目的。1994年4月15日，关贸总协定乌拉圭回合各缔约方在马拉签署了《TRIPs》，其第十条规定"计算机程序，无论是源代码还是目标代码，应作为《伯尔尼公约》项下的文字作品加以保护。"世界知识产权组织于1996年12月20日通过了《世界知识产权组织版权条约》和《世界知识产权组织表演和录音制品条约》。《世界知识产权组织版权条约》第四条明确规定不论计算机程序表达方式或表达形式如何，均作为《伯尔尼公约》第二条意义下的文学作品受到保护。这两个条约为国际计算机软件著作权保护提供了统一的标准和依据。

为了保护计算机软件著作权人的权益，调整计算机软件在开发、传播和使用中发生的利益关系，鼓励计算机软件的开发与应用，促进软件产业和国民经济信息化的发展，根据《著作权法》，国务院于2001年颁布了《计算机软件保护条例》，并于2013年1月进行了修订。该条例保护由开发者独立开发，并已固定在某种有形物体上的软件。实行软件登记制度，软件著作权人可以向国务院著作权行政管理部门认定的软件登记机构办理登记。软件登记机构发放的登记证明文件是登记事项的初步证明。

（2）计算机软件专利保护的立法

大多数国家都没有直接把计算机软件纳入专利法的保护范围，因为一开始计算机软件被认作是一种思维步骤，根据各国的专利法，不能成为专利法的保护客体。但在实践中，人们认识到当计算机软件同硬件设备结合为一个整体，软件运行给硬件设备带来影响时，不能因该整体中含有计算机软件而将该整体排除在专利法保护客体范围之外，计算机软件自然而然地应当作为整体的一部分得到专利法的保护。因此，在日本 1976 年公布的有关计算机程序发明审查标准的第一部分、英国 1977 年公布的对计算机软件的审查方针，以及美国 1978 年对计算机软件发明初步形成的 FREEMAN（弗里曼）两步分析法审查法则及它们的后续修改中普遍规定：单独的计算机软件是一种思维步骤，不能得到专利法的保护；与硬件设备或方法结合为一个整体的软件，若它对硬件设备起到改进或控制的作用或对技术方法作改进，这类软件和设备、方法作为一个整体具有专利性。

（3）计算机软件商业秘密保护的立法

在未采用著作权法保护计算机软件之前，人们一直使用商业秘密法对软件进行保护，当现在国际上大多数国家纷纷将软件纳入著作权法保护范围时，与计算机有关的某些数据和信息仍受商业秘密法的保护。但绝大多数国家都没有专门的商业秘密法（除美国等个别国家外）。在这些国家商业秘密法的内容散见于合同法、反不正当竞争法、刑法及侵权法中。但是国际上对计算机软件采取何种方法保护并未达成共识，各国法学家在著作权法、专利法、商业秘密法、专门立法中冥思苦想，比来比去。日本、韩国和巴西都曾试图不用著作权法，而采用另行制订新法的方法来保护计算机软件。他们指出无论采用专利法还是著作权法来保护计算机软件，都是不合适的，力主制定专门的法律来保护。但由于美国强烈反对，迫于压力，日本、韩国和巴西最终仍通过修改著作权法，把计算机软件列为保护对象。

5.3.5　数据库的保护

数据库是按照数据结构来组织、存储和管理数据的仓库，是一个长期存储在计算机内的、有组织的、可共享的、统一管理的大量数据的集合。数据库是电子商务的重要基础，电子商务从查询、采购、产品展示、订购到销售、储运等所有网上贸易活动都离不开数据库的支持。因此，与数据库相关的知识产权保护问题也日益突出。虽然根据《伯尔尼公约》《TRIPs》和《世界知识产权组织版权条约》的有关规定，数据库应当纳入《著作权法》的保护范围。但是，由于其保护范围狭小而显得十分脆弱，数据库的法律保护问题正随着互联网技术与电子商务的发展而变得十分重要。

欧盟《数据库法律保护指令》的出台，开创了数据库特殊权利保护的先河，大大刺激了国际上对数据库保护的进程。

数据库的知识产权保护在我国尚处于有待发展的阶段，我国目前虽然已经建立了比较完善的著作权法律体系，也参加了《伯尔尼公约》等重要的国际公约。但是，在我国的

《著作权法》和有关法律法规中，尚无明确规定对数据库的法律保护，我国对数据库的保护尚未有一个系统、完整的方法。

案例：擅自注册杰克·琼斯官方网站引发商标权纠纷

因擅自注册杰克·琼斯官方网站（www.jackjonescn.net），销售"JACK&JONES"及"杰克·琼斯"商标的服装，绫致时装（天津）有限公司将经营者崔女士和杜先生诉至法院。绫致时装公司认为，被告的行为已经严重侵犯了原告的合法权益，给原告造成了巨大的经济损失，依法应承担停止侵权、消除影响、赔偿损失的法律责任。

原告诉称，绫致公司是欧洲最大的时装集团之一。公司于1990年推出JACK&JONES品牌，1999年将其引入中国。经过多年经营，"杰克·琼斯"品牌已经在中国具有了极高的知名度和美誉度，在同类服装商品销售上具有领先的市场占有率。

2008年以来，出现了大量侵犯原告"杰克·琼斯"商标权的侵权产品，其中，客户投诉最多的是一家自称琼斯中文网、杰克琼斯官方网站www.jackjonescn.net的网站。

原告经过调查发现，该网站声称JACKJONES中文网或JACK&JONES中文官方网站，并在网站上建立J&J档案、潮流趋势、精彩瞬间、媒体期刊等栏目，在每个浏览栏中均大量使用原告"杰克·琼斯"商标标识进行有关侵权商品的宣传、介绍、展示、广告等行为，甚至制作了电子期刊及FANS俱乐部等栏目，被告的行为极大诱导了相关消费者，严重侵犯原告商标权。同时，被告通过该网站专卖店对外大量销售侵犯原告注册商标权的侵权服装商品，产品多达150多种，以获取巨额利润。

原告经进一步调查发现，被告杜先生于2007年4月11日注册了jackjones.net域名，利用该域名开办了www.jackjonescn.net网站，该域名关键词部分与原告"JACK & JONES"商标极为近似，明显属于恶意抢注行为，侵犯了原告的注册商标专用权。www.jackjonescn.net网站的负责人为被告崔女士，该网站于2008年4月28日进行了ICP备案登记。

由于原告难以获得被告崔女士和被告杜先生确切的身份信息和联系信息。为此，原告联系被告北京新网互联科技有限公司要求其提供www.jackjonescn.net域名注册人的具体身份信息，被告新网互联公司拒绝向原告提供，被告新网互联公司的行为无疑为被告崔女士和杜先生的侵权行为提供了帮助。

故绫致公司将崔女士、杜先生诉至法院，要求判令崔女士、杜先生立即停止在其服装等商品上使用原告的注册商标、停止销售侵犯原告注册商标专用权的服装等商品，立即停止侵犯原告注册商标专用权的行为；立即关闭以 JACKJONES 中文网、杰克琼斯中文网或 JACK&JONES 中文官方网站命名的 www. jackjonescn. net 网站，立即停止在网站上使用任何与原告商标相同或近似的标识进行有关介绍、宣传、展示、广告等行为，以及停止在网站源程序的文件头、标签页中使用与原告商标相同或近似的文字，停止侵犯原告注册商标专用权行为；停止使用 jackjonescn. net 域名；在《法制日报》和新浪网（www. sina. com. cn）上发表声明，消除因其侵权行为给原告造成的不良影响；赔偿原告经济损失及维权费用人民币 200 万元。

北京市海淀区人民法院经审理认为，被告的行为属于未经商标权人许可，在同一种商品的宣传、介绍和交易中使用与 "JACK&JONES" "杰克·琼斯" 相同或近似的商标以及销售侵犯上述商标专用权商品之行为，其足以导致相关公众误认为上述域名、网站的所有人以及服装的提供者为绫致公司，构成对绫致公司合法权利的侵害。故于 2011 年 4 月 26 日判决两被告停止销售侵权服装，关闭用以销售侵权服装的涉案网站，停止使用涉案域名 jackjonescn. net，该域名由原告注册使用，并判决两被告在《法制日报》和新浪网（www. sina. com. cn）上刊登声明，消除影响，赔偿原告经济损失及诉讼合理支出近 200 万元。

分析：

原告绫致公司经授权在中国境内享有使用 "JACK&JONES" 商标并提起侵权诉讼的权利，经注册享有 "杰克·琼斯" 商标的专用权。被告崔女士、被告杜先生未经许可，注册了 jackjonescn. net 域名，并利用该域名开办了杰克琼斯中文网。该网站在搜索结果中的网页标题显示为 "JACKJONES 中文网 – 杰克琼斯中文网 – JACK&JONES 中文官方网站"，网页描述中使用 "杰克琼斯中文" "杰克琼斯官方网站" 等表述；在该网站首页及相关网页中大量使用 "杰克琼斯中文网" "jackjones 中文网" 等表述以及杰克琼斯及图标识，并配以 "杰克·琼斯介绍" 等内容；在相关网页源文件中大量使用与杰克琼斯、JACKJONES、jackjones 等相关的文字；在 "服饰目录" 所列的每款服装左侧均显示有对应的实物图样和杰克琼斯及图标识；所售服装使用印有杰克琼斯及图标识的包装，服装的标签、吊牌上标有杰克琼斯及图标识，对襟扣、袖扣上标有 "JACK&JONES"，合格证上注明商标为 "杰克·琼斯" 等。绫致公司认为被告的行为侵犯了其注册商标专用权，向北京市海淀区人民法院提起诉讼，请求判令被告停止侵权、消除影响、赔偿损失。

本案属于较为典型的涉及网络的侵害商标权纠纷，被告从事了一系列侵害商标权的行为，"傍名牌" 的意图明显。法院考虑到两被告主观恶意明显，侵害后果严重，支持了原告的大部分诉讼请求，有力地打击了侵权行为。

本案为海淀法院涉互联网十大经典案例。

本 章 小 结

本章主要介绍了电子商务中的知识产权保护。首先介绍了商标的法律保护，包括商标的概念、特征、种类，商标权与商标注册，注册商标专用权的保护；然后介绍了域名的法律保护，包括域名的产生与发展，域名的概念和法律特征，域名管理的相关法律规定，域名纠纷的解决；最后介绍了电子商务中的著作权问题。

课后练习

一、名词

1. 商标　　　2. 商标权　　　3. 域名　　　4. 著作权　　　5. 计算机程序

二、选择题

1. 商标根据构图形式可以分类为（　　）。

   A. 文字商标　　　　　　　　　　　B. 图形商标

   C. 图形与文字组合商标　　　　　　D. 立体商标

2. 根据商标法的规定，注册商标的有效期为（　　）年，自核准注册之日起计算。

   A. 10　　　　　B. 15　　　　　C. 13　　　　　D. 20

3. 目前，我国规定强制性注册的商标有（　　）。

   A. 对人用药品　　B. 食品类　　　C. 烟草制品　　　D. 酒类

4. 商标注册申请人申请注册的商标，其构成要素包括（　　）及三维标志和颜色组合。

   A. 文字　　　　　B. 图形　　　　C. 字母　　　　　D. 数字

5. 申请人在人民法院采取保全措施后（　　）日内不起诉的，人民法院应当解除保全措施。

   A. 10　　　　　B. 15　　　　　C. 20　　　　　D. 30

6. 接入互联网的单位在互联网上的名称是指（　　）。

   A. 域名　　　　　B. 商标　　　　C. 商号　　　　　D. IP 地址

7. 我国"行政区域名"（　　）个，适用于我国的各省、自治区、直辖市、特别行政区的组织。

   A. 33　　　　　B. 34　　　　　C. 35　　　　　D. 36

8. 为积极推进中文网络信息资源的开发，加快中文域名的应用，CNNIC 中文域名系统于（　　）年正式提供注册服务。

   A. 2000　　　　B. 2001　　　　C. 2002　　　　D. 2003

9. 计算机软件具有自身的特点，即（　　）。

   A. 人类脑力劳动的智慧成果　　　　B. 具有极高的价值

   C. 易复制　　　　　　　　　　　　D. 易改编

三、填空题

1. 商标的特征有：_____ 、_____ 、_____ 、_____ 。

2. 商标的作用有：_____ 、_____ 、_____ 、_____ 。

3. 商标权的法律特征有：_____ 、_____ 、_____ 。

4. 商标注册审查分为_____与_____。

5. 域名的法律特征为：_____ 、_____ 、_____ 。

6. 商号的标识性和排他性要受到_____的限制，具有_____性，而域名的标识性和排他性则无此限制，它是_____的，因而是绝对的。

7. 中国互联网信息中心负责管理并运行_____及_____和行政区域名这两种二级域名，并采用_____的方式确定三级以下（含三级）域名的管理单位。各级域名管理单位负责其下级域名的_____。

8. 域名注册申请人必须是_____，不是_____的单位和个人不能申请注册域名。

9. 中国互联网络的二级域名分为_____和_____两类二级域名。

10. CNNIC 中文域名系统于_____年正式提供注册服务。CNNIC 中文域名体系的特点有：_____ 、_____ 、_____ 、_____ 。

11. 在中国境内接入中国互联网络，而其注册的顶级域名不是 cn 的，必须在_____登记备案。

四、判断题

1. 商标被称为"无声的推销员"。　　　　　　　　　　　　　　　（　　）

2. 一国核准的商标，只在该国领域内有效，对其他国家不发生效力。　（　　）

3. 国家规定必须使用注册商标的商品，必须申请商标注册，未经核准注册的，不得在市场销售。　　　　　　　　　　　　　　　　　　　　　　　　（　　）

4. 县级行政区划的地名或者公众知晓的外国地名，可以作为商标。　（　　）

5. 为了保证域名标识作用的发挥，域名必须在全国范围内具有唯一性。（　　）

6. 商标和域名是用来标识商品的，都要用在商品上。　　　　　　　（　　）

7. 域名的作用对于企业来说将同商标一样成为企业的无形资产。　　（　　）

8. 中国互联网信息中心是我国互联网络域名系统的管理机构，具有制订中国互联网域名的设置，分配和管理的政策和办法等方面的权力。　　　　　　　　　（　　）

9. 域名注册申请人必须是依法登记并且能够独立承担民事责任的组织，不是独立法人的单位和个人不能申请注册域名。　　　　　　　　　　　　　　　　（　　）

10. 在"类别域名"下申请域名的单位，应当根据其单位的性质在相应的二级域名下申请

注册域名。申请域名注册的，必须向上一级域名管理单位提出申请。　　（　　）

11. 在中国境内申请域名注册的，其主域名服务器在中国境内运行，并对其域名提供连续服务。

（　　）

12. 各级域名管理单位应负责向国家工商行政管理部门及商标管理部门查询用户域名是否与注册商标或者企业名称相冲突，是否侵害了第三者的权益。　　（　　）

13. 注册域名可以变更或者注销，也可以转让或者买卖。　　（　　）

14. 在中国境内接入中国互联网络，而其注册的顶级域名不是 cn 的，必须在 CNNIC 登记备案。　　（　　）

15. 涉及域名的侵权纠纷案件，由侵权行为地或者被告住所地的中级人民法院管辖。

（　　）

16. 为商业目的将他人驰名商标注册为域名的，属于恶意注册域名的行为。　　（　　）

17. 发行权是向公众提供复制件的专有权，发行就是经过权利人许可向公众提供复制件的行为。　　（　　）

18. 利用电子邮件传播有著作权的作品不属于侵权行为。　　（　　）

19. 网络环境下，作者、表演者的人身权利仍然需要获得法律有效保护。　　（　　）

20. 数据库不属于知识产权法律保护的范围。　　（　　）

五、简答题

1. 简述电子商务发展为商标法律保护带来的新问题。

2. 简述域名的法律性质及其与商标、商号的区别。

3. 著作权在互联网上的侵权形式有哪些类型？如何保护著作权在互联网上不受侵害？

第 6 章

电子商务与消费者权益保护法

 6.1 消费者权益保护法概述

　　消费者权益保护法是直接保护消费者的合法权益的法律，是在交易中保护分散的、相对处于弱势地位的广大消费者权益的重要法律。制定消费者权益保护法是指为了维护消费者的合法权益，维护社会经济秩序，促进社会主义市场经济健康发展。要了解这部法律，首先应该明确消费者的含义。

　　一般来说，消费者是指购买商品、使用商品或接受服务的人，包括自然人、法人或其他社会组织。消费者权益保护法所指的消费者，专指生活消费者，即为了满足生活需要而直接购买商品、使用商品或接受服务的居民个人，而不包括生产消费者。

6.1.1 消费者权益保护法的概念和法律特征

1. 消费者权益保护法的概念

　　消费者权益保护法的概念可以从广义和狭义两个方面来理解。广义的消费者权益保护法是指确认消费者权利，规定经营者的义务，以及国家在保护消费者权益的过程中发生的社会关系的法律规范的总称，既包括《中华人民共和国消费者权益保护法》这部保护消费者权益的基本法律，也包括其他法律、行政法规中的相关规定，以及单行的保护消费者权益的行政法规。狭义的消费者权益保护法则专指 2014 年 3 月 15 日起施行，经过第二次修正的《中华人民共和国消费者权益保护法》（以下简称《消法》）。

2. 消费者权益保护法的法律特征

　　（1）专门性

　　消费者的人身安全权、财产安全权等方面的权利，从法律的角度来看，属于民事权利的范畴，是民法保护的对象。而消费者权益保护法是专门保护消费者在生活消费过程中的权益的法律，其专门性是十分突出的。因此，消费者权益保护法是特殊法，民法是一般法。

（2）实体性与程序性相结合

在消费者权益保护法中，既有关于消费者权利、经营者义务，以及国家在保护消费者合法权益方面的权利等实体性的规定，也有关于解决消费纠纷的途径等程序性的规定。因此，消费者权益保护法是集实体性与程序性于一身的法律。

（3）经济性

消费者的生活消费行为，实际上是一种经济行为。保护消费者的权益，解决消费纠纷，明确经营者对消费者合法权益的责任以及关于国家对消费者权益的保护，明确消费者自我保护的组织和权利以及侵害消费者合法权利的法律责任等规定，从根本上说，有利于维护社会主义市场经济秩序，促进经济发展。因此消费者权益保护法的经济性是非常明显的。

6.1.2 消费者权益保护法的主要内容

1. 关于调整范围

参考国外的一般做法，《消法》的调整范围限定为消费者的生活消费，凡是消费者为生活需要购买、使用商品或接受服务的，其权益均属《消法》的调整范围。虽然生产消费也会影响到生活消费，但对消费者来说只是一种间接影响，因而没有纳入《消法》的调整范围。另外，农民购买、使用直接用于农业生产的生产资料，其性质也属于生产消费，本不应属于《消法》的调整范围，但考虑到目前我国农村普遍实行的是家庭联产承包责任制，一方面农业生产力和农民的经济能力还比较低，另一方面假农药、假化肥、假种子等农用生产资料坑农害农的情况还比较严重，农民受损害后又没有适当的途径寻求保护，因此，《消法》第六十二条规定："农民购买、使用直接用于农业生产的生产资料，参照本法执行。"

2. 关于消费者的权利

消费者的权利是消费者利益在法律上的体现，是国家对消费者进行保护的前提和基础。1985年联合国大会通过的《保护消费者准则》提出了保护消费者权益的一般性原则，主要有：①保护消费者的健康和安全不受危害；②促进和保护消费者的经济利益；③使消费者得到充足的信息；④使消费者能够按照个人意愿和需要做出选择；⑤消费者教育；⑥提供有效的消费者赔偿办法；⑦有组织消费者团体或组织的自由。

这些权利被许多国家的消费者权益保护法所采用，在我国一些地方的立法中，也有所体现，尽管表述不大一致，但内容大体相同。因此，《消法》在参考了国内外立法的通行规定的基础上，结合我国的实际情况，具体规定了消费者的9项权利。

（1）安全权

安全，究其具体意思就是指没有危险，不受威胁，不出事故的状态，是消费者在整个购物过程中的一种最基本的心理需求。《消法》第七条明确规定："消费者在购买、使用商品和接受服务时享有人身、财产安全不受损害的权利。消费者有权要求经营者提供的商品和服务，符合保障人身、财产安全的要求。"

（2）知情权

《消法》第八条对此作了明确规定："消费者享有知悉其购买、使用的商品或者接受的服务的真实情况的权利""消费者有权根据商品或者服务的不同情况，要求经营者提供商品的价格、产地、生产者、用途、性能、规格、等级、主要成分、生产日期、有效期限、检验合格证明、使用方法说明书、售后服务，或者服务的内容、规格、费用等有关情况。"

（3）选择权

《消法》第九条明确规定："消费者享有自主选择商品或者服务的权利。消费者有权自主选择提供商品或者服务的经营者，自主选择商品品种或者服务方式，自主决定购买或者不购买任何一种商品、接受或者不接受任何一项服务。消费者在自主选择商品或者服务时，有权进行比较、鉴别和挑选。"

（4）公平交易权

《消法》第十条明确规定："消费者享有公平交易的权利。消费者在购买商品或者接受服务时，有权获得质量保障、价格合理、计量正确等公平交易条件，有权拒绝经营者的强制交易行为。"

（5）求偿权

《消法》第十一条明确规定："消费者因购买、使用商品或者接受服务受到人身、财产损害的，享有依法获得赔偿的权利。"

（6）结社权

《消法》第十二条明确规定："消费者享有依法成立维护自身合法权益的社会组织的权利。"

（7）获取知识权

《消法》第十三条明确规定："消费者享有获得有关消费和消费者权益保护方面的知识的权利。消费者应当努力掌握所需商品或者服务的知识和使用技能，正确使用商品，提高自我保护意识。"

（8）受尊重权

《消法》第十四条明确规定："消费者在购买、使用商品和接受服务时，享有人格尊严、民族风俗习惯得到尊重的权利，享有个人信息依法得到保护的权利。"

（9）监督批评权

《消法》第十五条明确规定："消费者享有对商品和服务以及保护消费者权益工作进行监督的权利。消费者有权检举、控告侵害消费者权益的行为和国家机关及其工作人员在保护消费者权益工作中的违法失职行为，有权对保护消费者权益工作提出批评、建议。"

3. 关于经营者义务

在消费领域中，经营者是与消费者相对应的主体，消费者享有的权利一般就是经营者应承担的义务。《消法》从保护消费者合法权益的需要出发，针对消费者的权利规定了经营者的 14 项义务，主要有：经营者向消费者提供商品或者服务，应当依照《消法》和其他有关法律、法规的规定或者与消费者的约定履行义务；应当接受消费者的监督；应当保证其提供的商品或服务符合保障人身、财产安全的要求；发现其提供的商品或者服务存在缺陷，有危及人身、财产安全危险的，应当立即向有关行政部门报告和告知消费者，并采取停止销售、警示、召回、无害化处理、销毁、停止生产或者服务等措施；应当向消费者提供有关商品或者服务的真实信息，不得作引人误解的虚假宣传；应当标明其真实名称和标记；应当按照国家有关规定或者商业惯例向消费者出具发票等购货凭证或者服务单据；应当保证在正常使用商品或者接受服务的情况下其提供的商品或者服务应当具有的质量、性能、用途和有效期限；提供的商品或者服务不符合质量要求的，消费者可以依照国家规定、当事人约定退货，或者要求经营者履行更换、修理等义务；采用网络、电视、电话、邮购等方式销售商品，消费者有权自收到商品之日起七日内退货，且无须说明理由；在经营活动中使用格式条款的，应当以显著方式提请消费者注意商品或者服务的数量和质量、价款或者费用、履行期限和方式、安全注意事项和风险警示、售后服务、民事责任等与消费者有重大利害关系的内容，并按照消费者的要求予以说明；不得对消费者进行侮辱、诽谤，不得搜查消费者的身体及其携带的物品，不得侵犯消费者的人身自由；采用网络、电视、电话、邮购等方式提供商品或者服务的经营者，以及提供证券、保险、银行等金融服务的经营者，应当向消费者提供经营地址、联系方式、商品或者服务的数量和质量、价款或者费用、履行期限和方式、安全注意事项和风险警示、售后服务、民事责任等信息；收集、使用消费者个人信息，应当遵循合法、正当、必要的原则，明示收集、使用信息的目的、方式和范围，并经消费者同意。经营者收集、使用消费者个人信息，应当公开其收集、使用规则，不得违反法律、法规的规定和双方的约定收集、使用信息。

鉴于经营者的大多数义务在其他法律、法规中也有类似的规定，为了妥善处理《消法》与其他法律、法规之间的关系，立法上作了以下两点技术处理：①对其他法律、法规已有规定的，遵从其相应的规定，其中与消费者密切相关的内容，予以强调并具体化。②对其他法律、法规没有规定或规定不明确的，根据实际情况做出了比较详细的规定。

4. 关于消费争议的解决

《消法》规定了以下五种解决消费者同经营者争议的途径：

1）当事人协商和解。

2）通过消费者协会或者依法成立的其他调解组织调解解决。

3）向有关行政部门申诉。

4）当事人不愿协商、调解解决或者协商、调解不成的，根据当事人达成的仲裁协议，可以向仲裁机构申请仲裁。

5）当事人不愿通过协商、调解解决或者协商、调解解决不成，又没有达成仲裁协议的，可以向人民法院提起诉讼。

以上这五种途径由当事人自愿选择，既方便当事人依法行使自己的权利，也符合国内外的立法趋势。

6.2　电子商务引起消费者权益保护的法律问题

6.2.1　在线交易消费者

1. 在线交易消费者的概念

网络虽然改变了人们购物、消费的手段和环境，但没有改变对于消费者的定义及其法律保护，因此现行法律对消费者的定义完全适用于在线交易消费者。

在线交易消费者即通过互联网购买商品和接受服务的消费者，它包括经营者以外的购买商品或接受服务的个人。

1）在网上购买商品的个人，如在线 B2C 交易中的购物消费者。

2）在网上接受服务的个人，如订阅电子报刊、搜集信息等的人。

消费者权益保护法保护的是经营者和消费者的关系。通过网络销售物品的人显然是经营者，而在线交易消费者与普通消费者有没有什么不同呢？在线消费会出现一些传统消费方式所没有的新问题，需要一些特殊保护规则。也就是说，在线交易消费者仍然享有传统消费者享有的基本权利，同时还应该享有一些特殊的保护。

2. 在线交易的基本特点

在线交易消费者权益保护首先适用已有的消费者权益保护法，也就是说，在线交易的消费者仍然是普通的消费者，他们应当得到与普通消费者同样的保护。传统的消费者权益保护法虽仍然适用在线消费者，但是网络环境决定了在线交易的特殊性。因此，仅仅适用普通消费者保护法是远不能解决在线交易的特殊性的，这就需要制定新的在线交易消费者权益保护法。

在线交易的主要特点有以下两点。

（1）在线交易不是面对面的交易

在线交易并非面对面的交易，因为它没有面对面议价、选物的过程，消费者不能直接感官触摸或接触货物，只能是通过描述、图片等广告或宣传去实现购物，因此也不可能检验货物，更不可能充分挑选货物。在电子商务中，如果经营者没有充分公开相关信息，就有可能导致消费者误解，甚至上当受骗。

（2）在线交易不是即时清结的交易

在线交易中，通常先由消费者通过信用卡或其他支付手段付款，经营者收到款后才发货；或是先由经营者送货上门，然后付款。这两种方式都打破了传统的一手交钱一手交货的消费方式。

3. 电子商务中消费者角色的转变

美国营销学者菲利普·科特勒（Philip Kotler）把营销定义为：以在某一点上满足选定的客户群体需要的观念，分析、组合、计划、控制公司的资源、政策的活动。营销的出发点和归宿点都是满足客户的需求。因此，了解客户的需求，加强与客户的沟通，对企业竞争获胜至关重要。然而实践中，由于在传统的信息环境下信息的双向流动难以实现，信息的传递过程强调了正向（由制造商到消费者）而忽视了反向（由消费者到制造商），消费者只是产品信息被动的接受者。如今，互联网的迅猛发展为信息双向传递的实现提供了技术支持，使点对点的信息沟通成为事实，并提供了丰富的调研工具，这些调研工具包括以下几种：

1）网上调查。营销者可以在互联网上举办调研活动，并设置物质奖励以刺激消费者参与。

2）电子公告板。营销者可以利用电子公告板传播和共享信息，电子公告板允许多用户在平台上进行电子邮件、文件传输和电子讨论。

3）远距离数据检索。营销者可以利用此功能查询各种商业性的专业数据库，如利用万维网等指南服务，查询各种技术数据和政府发布的信息。

4）广告效果测试。网上服务器可以自动记录网址和拜访者，营销者可以利用此功能监测网上广告的效果。

5）消费者识别系统。制造商与消费者都可以申请安装识别系统，通过此系统可以使制造商与消费者识别对方，并可以进一步协调信息，达成交易。

在此条件下，消费者可以不去传统的实体市场，如商场、超市等，而是通过网络完成发出求购信息、收集相关信息、通过分析比较做出购买决策、采取购买行动、进行购后评价等整个购买过程，由信息的消费者转变为信息的积极提供者，主动促成交易的实现，在一定程度上扮演了营销者的角色。这一角色转变，促进了制造商与消费者的双向沟通，制造商可通过互联网获取消费者的喜好，更好地实现营销的最终目标——满足客户需求。在此，美国通用汽车公司就提供了一个很好的例证。该公司从"土星计划"开始，就让用户"自己组装"汽车，即用户通过互联网将所选汽车的款式、颜色、发动机排量、变速器、座椅面料及颜色、玻璃、音响和其他配置输入公司信息中心，由计算机对信息进行处理，并控制汽车生产线，使同一生产线源源不断地生产出不同颜色、不同式样、不同排气量的汽车，既提高了生产率、降低了成本，又满足了消费者的个性化需求。由此可见，网络使消费者主观能动性增强，消费行为更趋于理性化、个性化，对消费质量要求更高。

6.2.2　网络环境下消费者保护的特殊性

在电子商务中，消费者保护具有十分重要的地位。这种重要性不仅在于传统意义上的经营者和消费者之间因交易中的弱势需要保护，更重要的在于在线交易是在一个虚拟的环境下完成的，因此需要建立一套取得消费者信任的制度保障。在网络环境下，消费者的保护问题更主要地表现为赢得消费者对新的交易方式的信任。于是，网络环境下的消费者权益保护就演变为消费者信任体系的建立。

国际社会对于消费者保护、赢得消费者的信任在发展电子商务中的作用有着清楚的认识。经济合作与发展组织（OECD）1998 年 10 月在加拿大渥太华召开了以电子商务为主题的部长级会议，会议名称为"一个无国界的世界，发挥全球电子商务的潜力"。会上共讨论了四个主题，其中首要问题就是消费者信任问题。

消费者信任的主要内容既包括传统消费者权益保护法中的消费者保护内容，也包括网上交易安全的内容，即消费者相信网络交易的真实性、可靠性。经济合作与发展组织渥太华会议在建立用户和消费者的信任全球行动计划中，会议充分讨论了消费者信任这个主题，共分为以下四个方面：①保护个人信息；②消费者授权、市场营销和广告道德；③保密和信息合法访问的有关问题；④数字签名和认证机构。

因此，消费者信任包括对交易商主体、交易商主体发布的信息、产品或服务质量、信息处理行为等诸多方面，是一个大于消费者保护的新概念，是网络环境下消费者权益保护的特殊问题。

总之，消费者权益的保护在网络企业发展中占有重要的地位，法律应当建立消费者保护的法律体系，为电子商务发展营造良好的环境。

6.2.3　经济合作与发展组织消费者保护的八大原则

1999 年 12 月 9 日，经济合作与发展组织（以下简称经合组织）理事会通过了《电商环境下消费者保护准则》。该准则对当时方兴未艾的电子商务的健康有序发展，尤其是互联网背景下消费者的权益保护，发挥了巨大的促进作用，并影响了成员国的后续立法和产业政策。

随着互联网技术的快速迭代和广泛应用，电子商务蓬勃发展的同时，也面临一些需要规制的新问题。根据经合组织消费者政策委员会的提议，经合组织理事会于 2016 年 3 月 24 日通过了《电商环境下消费者保护建议书》。该建议书结合电子商务的新发展，提出了电商环境下消费者保护的八大原则。

1. 透明和有效的保护

消费者在参与电子商务活动过程中，应当获得透明、有效的消费者保护，并且所获得的保护水平不得低于其他非电子商务方式所提供的保护水平。

成员国政府和利益相关方应当通力合作、共同努力，确保消费者能够获得透明、有效的保护，并做出适当、必要的改革，以便应对电子商务的特殊消费人群，例如儿童和那些处于弱势或劣势的消费者以及有残疾的消费人群。

2. 公平的商业、广告和营销

从事电子商务的企业应当充分考虑消费者的利益，并按照公平的商业、广告和营销的一般惯例以及诚信善意的一般原则从事商业活动。

3. 在线信息披露

在线信息披露一般原则，包括：①在线信息披露应当清晰、准确、易得和明晰，确保消费者能够拥有充分信息就交易做出"知情—决定"。②在线信息披露应当采用简明易懂的语言，并且确保消费者能够完整、准确和持久地保留在线信息披露的记录。③如果在线交易可以采用多种语言，从事电子商务的企业应当以多种语言形式向消费者提供就交易做出"知情—决定"所需的相同且全部信息。④除非从上下文中可以显而易见地知悉所指货币种类，否则所有涉及费用的信息都应当明确其计量所用的种类货币。⑤企业提供所有必要的信息时，应当考虑技术条件限制、电子商务所用设备或平台的专有特性等特定因素。

4. 确认交易过程

除非消费者已经提供了明示的"知情—同意"条件下的交易确认，否则企业不应当处理相关交易。企业要求消费者确认交易的时间点，即在此之后必须进行付款或者应当受到合同约束，必须是明确、清晰的。同时，企业要求消费者完成交易所需的操作步骤也必须是明确清晰的，尤其对于采用新型支付机制的交易来说更是如此。

在消费者确认交易之前，企业应当确保消费者有机会再次确认商品或服务的简要信息、交付信息和价格信息，应当确保消费者能够识别和纠正错误，能够修改本次交易或终止本次交易。同时，虽然不是强制性的义务，企业还应当允许消费者可以在适当的情况下撤销已经确认的交易。

对于整个交易过程的全部信息，企业应当确保消费者能够以与消费者用于完成交易的设备或平台相兼容的格式，保留完整、准确和持久的交易记录。

5. 支付机制

从事电子商务的企业，应当为消费者提供便利的支付机制，并采取与支付机制相匹配的安全保障措施，以防止发生支付风险，例如未经授权访问或使用个人数据、欺诈和盗用身份等风险。

6. 争议解决和补偿

企业不得试图限制消费者做出负面评价，不得试图限制消费者提出投诉和争议，不得试图限制消费者向政府机构进行咨询或者向政府机构和其他投诉机构进行投诉。

成员国政府应当为消费者提供公平、便利、透明和有效的争议解决机制，及时解决国内和跨境电子商务争议，确保消费者能够获得适当补偿，但不得因此产生不必要的费用或负担。

争议解决机制不仅包括法庭内的诉讼解决机制，还应当包括庭外争议解决机制，例如企业内部投诉处理机制和替代性争议解决机制。但是，庭外争议解决机制不得限制消费者寻求其他形式的争议解决机制以及获得相应的补偿。成员国政府应当鼓励企业建立内部投诉处理机制，使消费者在不支付费用的情况下，能够及时与企业直接解决相关投诉。成员国政府还应当确保消费者有机会获得替代性争议解决机制，包括在线争议解决系统，可以便利地解决电子商务争议，尤其涉及小额交易和跨境交易的争议。

虽然这些机制可以通过各种方式获得资金上的支持，但这些机制本身应当是客观、公正和一致的，个案争议的解决结果不受提供资金或其他支持的企业的影响。企业销售的商品或提供的服务对消费者造成损害的，例如商品存在缺陷、不符合广告所描述的质量标准、商品运输或交付出现问题等，企业应当向消费者提供相应的补偿。同时，各成员国政府和利益相关方应当确保消费者保护执法机构和其他相关机构，例如消费者保护组织、行业自律组织等处理消费者投诉的机构，有权采取行动，直接为消费者提供补偿或协助消费者获得补偿，包括金钱补偿。

7. 隐私保护与安全保障

企业应当确保其收集和使用消费者数据的行为合法、透明和公平，应当确保消费者能够有机会参与和选择电子商务，并为消费者的隐私提供合理的安全保障措施。企业应当加强数字安全风险管理并采取相应的安全保障措施，以减少或减轻消费者因参与电子商务而可能产生的不利影响。

8. 教育、 意识和数字化能力

成员国政府和利益相关方应当共同努力，向消费者、政府工作人员和企业宣传电子商务，应当努力提高企业和消费者对在线电子商务中有关消费者保护的法律认识和法律意识，包括国内层面和跨境层面的各种权利、义务和风险。

成员国政府和利益相关方应当共同努力，通过教育和宣传不断提高消费者的数字能力，为消费者提供获取和使用数字技术、参与电子商务的相关知识和技能。同时，相关教育和培训应当满足不同群体的需求，要考虑到年龄、收入和受教育程度等各种差别因素。

成员国政府和利益相关方应当利用一切有效手段，不断向消费者和企业提供有关电子商务发展的各种信息，包括全球网络的技术创新、技术发展和实际应用等等。

6.2.4 现行消费者权益保护法对在线交易消费者的保护

消费者权利是个人消费过程中基于法律而产生的权利，是法律赋予在消费过程中处于弱者地位的消费者的权利。

1. 消费者的知情权

《消法》第八条规定："消费者享有知悉其购买、使用的商品或者接受的服务的真实情况的权利。"法律赋予消费者知情权，就是要让其明明白白地掏钱买东西。消费者为满足生活需要而购买商品或接受服务，因而商品或服务只有在能满足消费者某种需求的情况下才会被购买，否则，消费者的需求就不能得到满足。而一种商品或服务是否能够满足消费者的需求，只有在对该商品进行适当了解的基础上才能得知，因此，满足消费者的知情权是非常必要的。同样，消费者实施正确的消费行为也是依赖于其对商品相关信息的了解，了解商品的真实情况是消费者正确判断、选择的前提，只有在充分了解商品的功能、效用、外观设计、等级、规格、主要成分、产品日期等有关情况的基础上，消费者才能正确判断自己花费一定数目的金钱购买该商品或者服务是否值得。当人们进行网上购物时，一切都是虚拟的，消费者在交易的过程中根本接触不到商家，更不能亲身感受商品的相关信息，网上的广告宣传就成为了了解商品最直接的途径，使广告对于消费者知情权的行使起到了很大作用。因此对网络宣传性广告的要求就更加严格，其必须客观真实，从而引导消费者在整个消费过程中做出正确的判断。

电子商务法首先要保护消费者在进行网上活动和购物过程中，有权了解真实的商品或者服务信息，即向消费者提供商品和服务的广告及其相关信息是客观的、真实的。在网上发布虚假的、不真实的广告，不仅违反了商业道德和诚实信用原则，更重要的是侵犯了消费者的知情权。网络广告纷繁多样，消费者很难就某种商品或服务及其真实的使用价值做出较为准确的判断，处于非常不利的被动地位，他们往往会因被各式各样的极具诱惑的广告蒙蔽而失去判断力。加之在虚拟空间里，消费者不直接接触到商品，也就更加依靠广告的提示来判断此类商品是否就是自己所需要的。

同时，消费者购买决策的做出，也都是基于对商品真实情况的了解，若商品宣传引人误解，就会误导消费者，这不但欺骗了消费者，更侵犯了其合法权益。可见，宣传性广告牵引着消费者的消费倾向、消费欲望。不真实的广告信息会导致消费者做出错误的判断，买到不称心的商品，会让消费者认为自己在网上购物容易受骗，从而对网上购物丧失信心，给电子商务这一新兴产业的发展造成障碍。因此，保证消费者在网上获得真实的商品或服务的信息，是电子商务法严格遵从的原则，也是电子商务得以健康发展的基础。

在决定购物之前，消费者有权利了解一切与商品或服务有关的信息。具体包括以下三方面内容：

1）消费者要了解产品或服务的基本情况，主要包括商品的名称、注册、商标、产地、生产者名称、服务的内容、规格、费用等。

2）消费者要了解商品的技术指标情况，主要包括用途、性能、规格、等级、所含成分、使用方法、使用说明书、检验合格证明等。例如，消费者在网上买家用电器等商品，都有权了解商品的技术指标情况。

3）消费者要了解商品或者服务的价格及商品的售后服务情况。价格和售后服务情况是交易的关键性内容，直接关系到消费者的切身利益。

只有在了解到商品的相关信息后，消费者才能做出是否购买的决定。在传统消费情况下，消费者的知情权可以主动行使，但是在网络环境下就不同了，知情权的实现完全依靠 ISP 所提供的商品的相关信息。1997 年 5 月 20 日，欧盟通过了《关于远距离合同订立过程中对消费者保护的指令》，"远距离合同"涵盖了企业和消费者之间通过销售方的远程销售网络。其对消费者的首要保护措施就是规定了"预先告知条款"，该条款规定，在远距离合同订立前，货物或服务供应商有义务向消费者提供有关供应商身份、货物或服务性能特点、价格、送货费用、付款及送货方式、消费者撤销订购的权利、可能计入远程通信费用、报价的有效性等信息。

依目前我国网络商城的状况来看，一些商品能满足消费者的知情权，可是在网上购买信息化商品和服务时消费者的知情权得不到满足，原因在于 ISP 在一些软件销售界面仅仅提供了价格及很小的一张图片，并没有对软件内容进行具体介绍，以致消费者在不知晓此类商品具体信息的情况下就要接受格式合同并付款，这显然没有满足消费者的知情权。对于这类商品，如果消费者决定购买并且通过网上银行支付了现金，当 ISP 将商品从网上直接传递给消费者之后，消费者却发现此软件并非自己所需，要求退货，而 ISP 又怀疑消费者在退货前已经将软件复制，因而拒绝退货。导致这种僵局的直接原因，就是在消费者购物之前，ISP 没有充分满足其知情权。所以，消费者要求退货是其正当的权利，应该支持。反之，如 ISP 提供了商品的充分信息，消费者又无正当原因要求退货，则根据软件产品可随意复制这一特殊情况，ISP 有理由怀疑产品已被复制而拒绝退货。

2. 消费者的公平交易权

公平交易一般是指交易双方在交易过程中获得的利益相当；在消费性的交易中，则是指消费者获得的商品和服务与其交付的货币价值相当。电子商务法赋予了消费者公平交易的权利，即消费者在网上进行交易时，享有获得公平的交易条件的权利。这种公平的交易条件包括合理的价格和商品质量保障。在传统的消费领域中，相同的商品在不同场所的消费价格大不相同，比如一罐可乐在市场消费，其最低价格是 2.5 元，而最高价格可能是 30 元。相同的消费品有如此大的价格差是由于人们在不同的消费场合所决定的。网络购物处于一种不同于传统购物的购物空间，ISP 不能因购物空间的改变和特殊，就故意抬高商品的价格。

所谓合理的价格，是指商品或服务的价格应该符合国家物价规定，与价值相符。价格是否合理，直接关系到消费者的财产利益是否得到实现。传统消费者还有讨价还价的余地，而网络消费者只有一个网络平台和一个鼠标，即仅根据网上所提供的商品信息，自己来判断商品与服务的价格与其本身的价值是否相当。这种自始至终的"自己搞定"的购物方式，很容易使消费者被网上的虚假信息所骗而进行不公平交易，因此应更加强调网上商品价格的合理性。《中华人民共和国价格法》第十四条第四项规定："经营者不得利用虚假的或者使人误解的价格手段，诱骗消费者或者其他经营者与其进行交易。"网络商店提供的商品价格必须合理，要做到货有所值，质价相符。

消费者购买商品或者接受服务，有权获得质量保障。商品和服务质量的好坏，是消费者公平交易权能否得到满足的关键，网络消费者有权要求从网上购买的商品符合国家规定的质量标准，尤其是可能危及人身及财产安全的商品，更应保证其质量。在网络商场这种新兴购物模式的发展过程中，严格反对以假充真、以次充好、以不合格产品充当合格产品的现象。

3. 消费者的自由选择权

《消法》第九条规定："消费者享有自主选择商品或者服务的权利。消费者有权自主选择提供商品或者服务的经营者，自主选择商品品种或者服务方式，自主决定购买或者不购买任何一种商品、接受或者不接受任何一项服务。消费者在自主选择商品或者服务时，有权进行比较、鉴别和挑选。"消费者的自由选择权利在网上购物活动中能够充分体现，网上购物的最大特征是消费者的主导性，购物意愿掌握在消费者手中，其可以根据自己不同的意志加以选择。每个消费者都有不同的品味、爱好和特殊的要求，其购物选择也许是为了满足自己的生活需要，也许是心情的需要，或者是满足他人的需要等。

消费者在网上购物，一般是依据广告的内容来选择消费对象，但是对于一些商家通过电子邮件擅自发送商业性广告这一现象，一部分的消费者认为，邮件广告虽然广泛，却很少能带来真正利益。而大部分消费者则认为邮件广告不但不能给其带来利益，还非常占用电子邮箱空间，更糟糕的是经常会将重要的信件"挤"走，以至于消费者一见到信箱里有广告邮件就马上删除，可见广告邮件既不能带来方便，又在无形中增加了上网成本，使消费者的财产受到一定的损失。对于广告邮件，消费者将它称为垃圾邮件，并表示对于这些垃圾邮件，自己无法选择。目前政府部门已经着手制定有关法律规定，制止垃圾邮件的蔓延。例如，北京市曾出台《北京市工商行政管理局关于对利用电子邮件发送商业信息的行为进行规范的通告》，该通告明确规定了以下内容：

1）互联网使用者利用电子邮件发送商业信息应本着诚实守信的原则，不得违反有关法律法规，不得侵害消费者和其他经营者的合法权益。

2）互联网使用者利用电子邮件发送商业信息，应遵守规范，包括：①未经收件人同意不得擅自发送；②不得利用电子邮件进行虚假宣传；③不得利用电子邮件诋毁他人商业信誉；④利用电子邮件发送商业广告的，广告内容不得违反《中华人民共和国广告法》的有关规定。

这个通告是我国第一部关于广告邮件的法律法规，对其他省市做出同类规定有重要的指导作用。网络广告其实对于信息社会服务获得资金支持有帮助，且对发展广泛的新型免费服务意义重大。为了保护消费者利益、保障公平竞争，商业性宣传（包括价格打折、促销优惠、促销竞争或游戏等）必须符合多个透明度要求，让消费者有充分的选择自由。欧盟在其《电子商务指令》中表示：通过电子邮件擅自发送商业性宣传类与擅自向别人的邮箱里塞广告宣传品类似，这类邮件危害很大，因为信息接收者在下载这些无用信息时不但要支付网络费和通信费，而且还可能干扰交互性网络的正常运行，造成网络阻塞或者通信速度缓慢。因此，在任何情况下，擅自发送的商业性宣传材料都必须被明确标明，并且不应该导致消费者（接收者）通信费用的增加。

4. 消费者的安全权

安全，具体就是指没有危险、不受威胁、不出事故的状态，是消费者在整个购物过程中的一种最基本的心理需求。对于网上购物的消费者来说，其安全权具体包括人身安全、财产安全、隐私安全三个方面。

（1）人身安全权

消费者的人身安全权是指消费者在网上所购买的物品不会对自己的生命和健康造成威胁。现在网络商店所提供的商品种类愈来愈多样化，消费者所选购的范围也越来越广，这就要求网络商品的提供者对商品的质量及安全性有足够的保障。与传统的消费者一样，从网上购买商品的消费者也有获得质量合格商品的权利，质量不合格的商品可能会给消费者的人身带来损害。例如，从网上购买的食品过期或变质，很可能伤害消费者的身体健康；网上购买的家用电器缺乏安全保障，一旦出事也会给消费者带来人身伤害。给消费者的生命和健康带来损害就是侵犯了消费者的安全权，违反了《消法》和《民法典》的相关规定，会令消费者丧失对网上购物的信心。

（2）财产安全权

消费者的财产安全权是指消费者的财产不受侵害的权利。财产可分为真实财产和虚拟财产。通过网络银行、支付宝等网络支付手段支付货款对消费者的财产安全权具有一定的威胁。由于国际互联网本身是个开放系统，而网络银行的经营实际上是将资金流动变为网上信息的传递，这些在开放系统上传递的信息很容易成为众多网络"黑客"攻击的目标。基于这个原因，很多消费者不敢在网上上传自己的银行卡账号等关键信息，担心自己的财产权受到侵害，从而严重制约了网络银行等网络支付手段的业务发展。虽然目前我国已经颁布和实施了《全国人民代表大会常务委员会关于维护互联网安全的决定》《中华人民共和国计算机信息系统安全保护条例》等法律法规和行政规章，但案发率仍居高不下，因此必须从技术上保证消费者的银行卡等重要信息不会被泄露，如果网络银行达不到规定的要求，就要承担赔偿责任。

（3）隐私安全权

隐私安全权即是指公民享有的私人生活与私人信息依法受到保护，不被他人非法侵扰、知悉、搜索、利用和公开等的一种人格权。随着现代信息技术和网络技术的广泛应用，侵犯隐私权的概率和范围也随之提高和扩大。如商务、娱乐、储蓄、教育、休闲，甚至保健事务等涉及个人隐私的问题，都可能会被现代信息技术搜集、窥视，从而构成对他人隐私权的侵犯。我国应逐步建立和完善在网络和电子商务领域中有关隐私权保护方面的法律法规。

5. 消费者的损害赔偿权

消费者的损害赔偿权，又称求偿权或索赔权。事实上这种权利的前提就是消费者在网上进行交易的过程中或使用商品和服务后，对其人身或财产造成了一定的损害，它是利益受损时所享有的一种经济权，可以通过这种权利的行使给消费者的损害带来适当的补偿。在传统的消费模式中，如果消费者的人身或财产权受到损害，消费者可以直接找到提供商品和服务的一方，请求赔偿。根据《民法典》第一百二十条的规定，消费者可以追究商家的侵权责任。因此消费者有权要求损害赔偿。

在网络交易中，由于消费者和商家互不见面，我们首先要考虑到，当消费者利益受损时，应该找谁请求赔偿？

6.3 电子商务与消费者隐私权保护

6.3.1 网络环境下的隐私权保护

1. 隐私权的概念

隐私权最早是19世纪末由美国法学家提出的。国外理论中的综合说认为，隐私权是个人对其私人领域的一种控制状态，包括是否允许他人对其进行亲密接触的决定和他对自己私人事务的决定。它强调的是任何人均应有不受干扰的权利。2020 年 5 月颁布的《民法典》对隐私权和个人信息保护设有专门的章节予以规定。《民法典》第一千零三十二条规定"自然人享有隐私权。任何组织或者个人不得以刺探、侵扰、泄露、公开等方式侵害他人的隐私权。"可见，隐私权是公民个人享有的一种人格权。

在理论界，对于隐私的定义目前有两种解释：一种认为，隐私为私人生活秘密或私生活秘密，即指私人生活安宁不受他人非法干扰，私人信息保密不受他人非法搜集、刺探和公开等。另一种认为，隐私的内容包括三个方面：个人信息的保密，个人生活不受干扰，个人私事决定的自由。

隐私实际上既是无关公共利益的个人"私事"，还表现为个人生活不受外来力量干涉、干扰、侵犯而形成的自由空间（又称个人领域）。

所以，隐私权定义有狭义和广义之分，狭义的隐私权是指"任何组织或者个人不得以刺探、侵扰、泄露、公开等方式侵害他人的隐私。"广义的隐私权包括三方面的内容：第一，对于个人资料的支配权、利用权和维护权；第二，个人私事或私生活的隐蔽或隐瞒权；第三，保持个人生活和领域不受干扰和侵犯的权利。

20 世纪 90 年代，随着电子商务的迅猛发展，消费者出于网络交易和接受服务的需要，必须在网络上向各类经营者提供包括自己个人资料在内的隐私。而且，消费者在网络上的"行踪"（个人所到访的网站、消费习惯、阅读习惯甚至信用记录等）也常常在毫无知觉的情况下被记录下来。而这些个人资料又可能被收集者转售给其他商业组织。故在这种情形下，消费者对参与电子商务是否会暴露自己个人隐私十分关切。

2. 我国隐私权保护的法律基础

我国越来越注重对隐私权的保护。《中华人民共和国宪法》（以下简称《宪法》）第三十八条规定："中华人民共和国公民的人格尊严不受侵犯。禁止用任何方法对公民进行侮辱、诽谤和诬告陷害。"人格尊严是公民的基本权利，包括名誉、肖像、隐私等内容。本条虽然没有明确地规定隐私权，但是人格尊严本身的内涵为公民隐私权的其他立法和司法解释留下了广阔的空间。《宪法》第三十九条规定公民的住宅不受侵犯，实际是规定了公民的个人生活安宁权；《宪法》第四十条规定公民的通信自由和通信秘密受法律的保护，这两种权利都是个人信息保护权的重要组成。

《民法典》第四编第六章专门规定隐私权和个人信息保护。除上文提到的第一千零三十二条规定外，第一千零三十三条还规定"除法律另有规定或者权利人明确同意外，任何组织或者个人不得实施下列行为：（一）以电话、短信、即时通讯工具、电子邮件、传单等方式侵扰他人的私人生活安宁；（二）进入、拍摄、窥视他人的住宅、宾馆房间等私密空间；（三）拍摄、窥视、窃听、公开他人的私密活动；（四）拍摄、窥视他人身体的私密部位；（五）处理他人的私密信息；（六）以其他方式侵害他人的隐私权。"

3. 个人信息隐私权

现代信息技术和网络技术的发展大大增加了侵犯隐私权的概率和范围，并带来了许多新问题。在这种背景下隐私问题主要涉及由信息收集、加工、处理、传输、传播等引起的侵犯隐私权问题。信息化时代，越来越多的事务需要记录和存储个人信息，如商务、娱乐、储蓄、教育、休闲甚至保健事务等。信息基础设施的建立和有效运行在为人提供便利之余，也使信息收集行为越来越无孔不入，个人隐私权保护方面的问题也随之增加起来。而且由于个人信息记录存储、处理、传输所需的费用不断降低，特别是在网络环境下，人们可以通过交互的、可调的宽频带通信网络，自己完成教育、娱乐、购物等行为，甚至接受医疗保健、储蓄、参与政府事务，这些都在单一网络上进行，就有可能产生新的隐私权问题。

个人信息隐私权主要涉及三个方面，这三个方面也是权利最容易受到侵犯的地方。第一，不当收集和利用个人资料，侵害个人的隐私权、个人资料的享用权。第二，利用现代信息技术不当地搜集、窥视、公开他人私事（私生活）即构成对他人隐私权的侵犯。第三，侵犯个人自主、独立生活的权利或独处的权利，它主要侵犯个人独立自主地、不受干扰地生活的权利。

如果商家或好事之人在他人的电子信箱中不断地投入垃圾邮件，使用户不得不花费大量的时间去一一收取、查阅、删除或处理这些邮件，这不仅增加用户的成本（上网费）、浪费时间和精力，而且极大地干扰、破坏了个人生活安宁、不受侵扰的权利。还有黑客对个人资料的攻击、破坏，既可能是构成对他人财产权（信息或数据权利）的破坏，也是对个人私生活领域的侵犯。这与侵入他人家里进行破坏和偷窃没有什么不同。

6.3.2 个人信息隐私权保护的概述

1. 什么是个人信息

个人信息也称个人资料，范围非常广泛，包括一切有关个人身份、生理、思想、生活习惯、社会关系等方面的信息。一般包括姓名、职业、履历、病历、婚姻状况、健康状况、住址、电话号码、银行账号、保险情况、特殊爱好、宗教信仰等。

注意，这里的个人仅指自然人，不包括法人，这一点世界各国基本相同。这主要是因为个人资料是基于保障个人的隐私权而来，一般我们不提法人的隐私权。另外，个人资料指足以识别某自然人的资料，不包括已经死亡者的个人资料。

2. 个人信息所有者的权利

个人资料属于个人所有，这是个人隐私权自然推导出来的一个结论。这也就意味着个人对于个人资料拥有民法上的权利。这些权利大致包括以下几个方面：

（1）控制权

资料主体对有关本人的数据享有最终的决定权，他人收集、使用这类数据必须经本人的同意，否则就构成侵权。

（2）收回权

对于他人合法或非法取得的有关个人资料和数据，资料主体有权收回或取回。

（3）知悉权

资料主体有被告知或要求资料使用人告知其个人信息被收集、处理、使用的情况。

（4）修改权

资料主体有要求使用其资料、数据的用户或者有关政府机构对其档案中不准确、不恰当、不适当或者不完整的部分进行更正的权利。

（5）请求司法救济权

对于任何侵害他人个人资料的行为或资料主体权利得不到实现时，权利人都有权要求排除妨害、赔偿损失等法律救济。

上述五种权利既是法律对个人资料保护而赋予个人的权利，也是个人信息隐私权的主要内容。

3. 对个人信息的不当利用

现代社会随着人们对信息资料的重视，无论参加什么社会活动，如公务活动或营利性活动等都有可能留下个人资料，因此，在合理的范围内，个人资料被公开和利用是一件正常的事情。但是，如果超出了这个合理范围，就应当认为是不正当利用。大致说来，对个人资料的不正当利用主要有以下一些情形：

（1）未经当事人知晓或同意收集个人资料

为了网上购物或接受其他信息服务，消费者必须提供个人信息，如姓名、电话、地址、邮编、身份证号、信用卡号等，甚至与消费有直接关系的购物偏好、健康记录等。更严重的是，在消费者上网时，他的个人信息可能被网站毫无声息地收集。

以下的个人资料收集均属于不正当的行为：在收集信息时，并不告诉个人为什么需要这些信息，特别是要公开或收集与所从事交易无关的信息，如个人身份证号、驾照号或社会保障卡号等。除了从网上收集外，擅自或不当收集还包括从杂志订单、客户交易信息等途径收集个人资料。

（2）个人数据的二次开发利用

在接受服务或从事交易过程中，提供必要信息只允许用于其本身目的，而不能用于其他目的，更不能散发或传播甚至出卖个人资料。未经当事人同意，个人资料被用于与收集个人资料的事由无关的目的即为不正当的利用。不当利用的表现之一就是个人资料的二次开发利用，即商家利用自己所收集掌握的个人资料建立起各种类型的资料库，从中分析出一些个人并未透露的信息，进而指导其营销策略。

（3）个人资料的交易

个人资料被不当利用还表现为个人资料被擅自用于交易。个人资料的交易有两种形式，一种是商家之间相互交换各自收集的信息，或者说是与合作伙伴共享信息。这种共享使个人资料用于交易以外的目的，使个人资料有可能被更多的商家知晓和利用，无异于变相侵害个人隐私。另一种是将个人资料作为"信息产品"销售给第三人或转让给他人使用，第三人可能将其用于其他目的。这种将个人资料商品化的行为，是对个人隐私侵犯最为严重的一种侵权行为。

（4）对个人资料的失控

在网络环境下，个人对于自己信息的控制能力和抗干扰能力有所下降。在许多情形下，无法确保避免从自己那里获取信息的用户的干扰，无法拒绝未经请求的垃圾信息。当事人无法发现谁为了什么目的拥有他们的什么资料，更没有办法从不愿意让其使用的人那里撤回这些信息。所有这些均意味着网络环境下个人隐私保护存在很多问题。

6.3.3　各国和各地区保护消费者隐私权的立法情况

回顾过往，世界个人信息保护法迄今已经历了三代。第一代以经合组织 1980 年《关于隐私保护与个人数据跨境流通指引》和 1981 年欧洲理事会《有关个人数据自动化处理之个人保护公约》为起点。第二代以欧盟 1995 年《个人数据保护指令》为代表，其在第一代原则的基础上加入了包括"数据最少够用""删除""敏感信息""独立的个人信息保护机构"等要素。第三代即为 2018 年生效的欧盟《通用数据保护条例》（GDPR）。与第二代相比，GDPR 大大拓展了信息主体权利，并确立了一系列新的保护制度。

1. 我国的立法情况

2021 年 8 月 20 日，全国人大常委会通过了《个人信息保护法》，自 2021 年 11 月 1 日起施行，成为我国第一部专门规范个人信息保护的法律。作为"百年未有之大变局"的制度回应，个人信息保护法外引域外立法智慧，内接本土实务经验，熔"个人信息权益"的私权保护与"个人信息处理"的公法监管于一炉，统合私主体和公权力机关的义务与责任，兼顾个人信息保护与利用，奠定了我国网络社会和数字经济的法律之基。

我国个人信息保护法采取"拿来主义、兼容并包"的方法，会通各国立法，借鉴世界第三代个人信息保护法的先进制度，铸就熨帖我国国情的规则设计。这主要体现在：

其一，在体例结构上，将私营部门处理个人信息和国家机关处理个人信息一体规制，除明确例外规则外，确保遵循个人信息保护的同一标准。基于此，个人信息保护法直面企业超采、滥用用户个人信息的痼疾，又防范行政部门违法违规处理个人信息的问题，最大限度地保护个人信息权益。

其二，在管辖范围上，个人信息保护法统筹境内和境外，赋予必要的域外适用效力，以充分保护我国境内个人的权益。

其三，在"个人信息"认定上，采取"关联说"，将"与已识别或者可识别的自然人有关的各种信息"均囊括在内。

其四，在个人信息权益上，不仅赋予个人查询权、更正权、删除权、自动化决策的解释权和拒绝权以及有条件的可携带权等"具体权利"，而且从中升华为"个人对其个人信息处理的知情权、决定权，限制或者拒绝他人对其个人信息进行处理"的"抽象权利"，由此形成法定性和开放性兼备的个人信息权益体系。

其五，在个人信息跨境上，采取安全评估、保护认证、标准合同等多元化的出境条件。

其六，在大型平台监管上，对"重要互联网平台服务、用户数量巨大、业务类型复杂的个人信息处理者"苛以"看门人"义务，完善个人信息治理。

2. 其他国家和地区的立法情况

个人信息保护的立法可追溯至德国黑森州 1970 年《资料保护法》。此后，瑞士（1973）、法国（1978）、挪威（1978）、芬兰（1978）、冰岛（1978）、奥地利（1978）、冰岛（1981）、爱尔兰（1988）、葡萄牙（1991）、比利时（1992）等国的个人信息保护法亦陆续公布。在大西洋彼岸，1973 年美国发布"公平信息实践准则"报告，确立了处理个人信息处理的五项原则：①禁止所有秘密的个人信息档案保存系统；②确保个人了解其被收集的档案信息是什么，以及信息如何被使用；③确保个人能够阻止未经同意而将其信息用于个人授权使用之外的目的，或者将其信息提供给他人，用作个人授权之外的目的；④确保个人能够改正或修改关于个人可识别信息的档案；⑤确保任何组织在计划使用信息档案中的个人信息都必须是可靠的，并且必须采取预防措施防止滥用。在"公平信息实践准则"所奠定的个人信息保护基本框架之上，美国《消费者网上隐私法》《儿童网上隐私保护法》《电子通讯隐私法案》《金融服务现代化法》（GLB）《健康保险流通与责任法》（HIPAA）《公平信用报告法》相继出台。

进入 21 世纪，在数字化浪潮的推动下，个人信息保护的立法陡然加速。2000 到 2010 年，共有 40 个国家颁布了个人信息保护法，是前 10 年的两倍，而 2010 年到 2019 年，又新增了 62 部个人信息保护法，比以往任何 10 年都要多。

案例：首例"2000万开房数据"受害者发起诉讼

在信息安全行业工作10多年的白领王金龙和张威是开房数据泄露的受害者，由于个人隐私信息被泄露，两人饱受垃圾短信和推销电话骚扰之苦。

据国内安全漏洞监测平台发布的报告称，如家、汉庭等酒店客户开房记录被第三方存储，并因漏洞导致开房信息泄露，涉及相关公司为浙江慧达驿站网络有限公司。该漏洞早在2013年8月下旬被发现并确认，随后便通知了该公司，经该公司确认后，相关细节即向相关领域专家公开，最终向公众公开。

据介绍，如家酒店、汉庭酒店、咸阳国贸大酒店、杭州维景国际大酒店、驿家365快捷酒店、东莞虎门东方索菲特酒店全部或者部分使用了浙江慧达驿站网络有限公司开发的酒店Wi-Fi管理、认证管理系统，而慧达驿站在其服务器上实时存储了这些酒店客户的记录，包括客户名（两个人的话都会显示）、身份证号、开房日期、房间号等大量敏感、隐私信息。因为漏洞原因，这些开房客户信息被泄露，同时泄露的还有一些SQL查询语句等。

该漏洞的出现主要在于慧达驿站公司管理机制的不完善，用户连接酒店的开放Wi-Fi时，需要通过网页认证，该认证并非在酒店服务器上完成，而是在浙江慧达驿站的服务器上完成，因此该服务器记录了开房者的客户信息。此外，客户信息的数据同步是通过超文本传送协议实现的，需要认证，但认证用户名跟密码都是明文传输的，各个途径都可能被嗅探到，然后用这个认证信息，即可从慧达驿站的数据服务器上获得所有酒店上传的客户开房信息。

随后，打着不同名号、提供类似服务的网站陆续出现，在主页名为"开房数据查询"的网站上，网友只需输入姓名、手机或邮箱就可以查询到身份证号、性别、出生年月日、手机号以及注册邮箱这5项个人信息。

同时，淘宝网上出现卖家贩卖个人信息。在淘宝网输入"开房信息"后，跳出了一个商品，名称为"开房信息，大型酒店必备客源"。根据店铺商品介绍，"开房信息"的来源为山西太原，标价为2000元，卖家在"宝贝详情"一栏里介绍说，信息共有8G，而且全面，是参考必备。

"作为信息安全讲师，连自己都保护不了，更何况普通人？"为此，两人在网上发起组建开房信息泄露的"受害者联盟"，准备邀请全国各地的受害者加入，一起通过法律诉讼来维护权益。

"我们希望行动能够给那些不重视信息安全的商家以警醒，给那些认为可以随意买卖个人信息的人员以警醒，给那些正利用我们的信息谋取不义之财的人以警醒。"王金龙说，希望那些因个人信息泄露而带来苦恼的兄弟姐妹们，也能站出来，提供被侵权的相关法律证据，一起呐喊、一起维权、一起伸张正义，推动个人信息保护立法。

分析：

我国《民法典》中规定，信息处理者不得泄露或者篡改其收集、存储的个人信息。如果酒店管理不善，导致消费者信息泄露，消费者当然也有权索赔。然而在实践中，这类案件中的个人用户存在举证证明平台存在过失性泄露信息的困难，因此，往往以败诉告终。

本 章 小 结

本章主要讲述了消费者权益保护法概述，包括消费者权益保护法的概念和法律特征，消费者权益保护法的主要内容；还介绍了电子商务引起消费者权益保护的法律问题，包括在线交易消费者的相关知识，网络环境消费者保护的特殊性，经济合作与发展组织消费者保护主要框架，现行消费者权益保护法对在线交易消费者的保护。与此同时，本章讲述了电子商务与消费者隐私权保护，包括网络环境下的隐私权保护，个人信息隐私权保护概述，各国保护消费者隐私权的立法情况。

课后练习

一、名词解释

1. 消费者　　　　　2. 消费者权益保护法　　　3. 在线交易消费者

4. 安全权　　　　　5. 知情权　　　　　　　　6. 选择权

7. 公平交易权　　　8. 求偿权　　　　　　　　9. 隐私权

二、选择题

1. 狭义的消费者权益保护法则专指（　　）年 3 月 15 日起施行，经过第二次修正的《中华人民共和国消费者权益保护法》。

   A. 1993　　　　　B. 2000　　　　　C. 2007　　　　　D. 2014

2. 《中华人民共和国消费者权益保护法》规定了消费者享有（　　）项权利。

   A. 7　　　　　　　B. 8　　　　　　　C. 9　　　　　　　D. 10

3. 《中华人民共和国消费者权益保护法》规定了经营者享有（　　）项义务。

   A. 7　　　　　　　B. 8　　　　　　　C. 9　　　　　　　D. 10

4. 经济与合作发展组织于（　　）通过了《电商环境下消费者保护建议书》，提出了电商环境下消费者保护的八大原则。

   A. 2000 年　　　　B. 2010 年　　　　C. 1999 年　　　　D. 2016 年

5. 目前消费者对商家信誉的信心只能寄托于为交易提供服务的（　　　）和收款银行。

    A. 消费者　　　　　　B. 第三方　　　　　　C. 经营者　　　　　　D. 网站

6. 经营者提供商品或者服务有欺诈行为的，应当按照消费者的要求增加赔偿其受到的损失，增加赔偿的金额为消费者购买商品的价款或者接受服务的费用的（　　　）。

    A. 一半　　　　　　B. 照价赔偿　　　　　　C. 一倍　　　　　　D. 二倍

三、填空题

1. 消费者权益保护法是直接保护消费者的_____的法律，是在交易中保护分散的、相对处于弱势地位的广大消费者权益的重要法律。

2. 所谓消费者是指购买_____、_____或_____的人，包括自然人、法人或其他社会组织。

3. 在消费者权益保护法中，既有关于_____、_____，以及国家在保护消费者_____等实体性的规定，也有关于解决消费纠纷的途径等程序性的规定。

4. 网络虽然改变了人们_____、_____的手段和环境，但没有改变对于_____的定义及其法律保护，因此现行法律对_____的定义完全适用于在线交易消费者。

5. 电子商务法首先要保护消费者在进行_____和_____过程中，有权了解真实的商品或者服务信息，即向消费者提供商品和服务的广告及其相关信息是客观的、真实的。

6. 在决定购物之前，消费者有权利了解一切与_____或_____有关的信息。

7. 公平交易一般是指交易双方在交易过程中获得的_____相当，而在消费性的交易中，就是指消费者获得的商品和服务与其交付的_____相当。

8. 消费者享有自主选择_____或者_____的权利。消费者有权自主选择提供_____或者_____的经营者，自主选择商品品种或者服务方式，自主决定购买或者不购买任何一种商品，接受或者不接受任何一项服务。

9. _____和_____的发展大大增加侵犯隐私权的概率和范围，并带来了许多新问题。

10. 2021年8月20日，全国人大常委会通过了_____，自2021年11月1日起施行，成为我国第一部专门规范个人信息保护的法律。

四、判断题

1. 消费者权益保护法所指的消费者，并不专指生活消费者，即为了满足生活需要而直接购买商品、使用商品或接受服务的居民个人，也包括生产消费者。　　　　　（　　　）

2. 在线交易消费者即是通过互联网购买消费品和接受服务的消费者，它不包括经营者以外的购买商品或接受服务的个人。　　　　　（　　　）

3. 在网上发布虚假的、不真实的广告，不仅违反了商业道德和诚实信用原则，更重要的是侵犯了消费者的知情权。　　　　　（　　　）

4. "预先告知条款"规定,在远程合同订立前,货物或服务供应商无须向消费者提供有关供应商身份、货物或服务性能特点、价格、送货费用、付款及送货方式、消费者撤销订购的权利、可能计入远程通信费用、报价的有效性等信息。　　　　　　　（　　）

5. 合理的价格,即商品或服务的价格应该符合国家物价规定,与价值相符。价格是否合理,直接关系到消费者的财产利益是否得到实现。　　　　　　　　　　（　　）

6. 隐私权即是指公民享有的私人生活安宁与私人信息依法受到保护,不被他人非法侵扰、知悉、搜索、利用和公开等的一种人格权。　　　　　　　　　　　　（　　）

7. 现在网络商店所提供的商品种类越来越多样化,消费者所选购的范围也越来越广,并不要求网络商品的提供者对商品的安全性有足够的质量及安全性保障。　（　　）

8. 在收集信息时,可以随意把这些需要的信息,特别是要公开或收集与所从事交易无关的信息,如个人身份证,驾照号或社会保障卡号等公开化。　　　　　　（　　）

五、思考题

1. 简述国外立法在在线交易消费者保护方面所采取的法律措施,并说明我国现行消费者保护法的差距。

2. 经济合作与发展组织对消费者保护的框架是什么?

3. 《中华人民共和国消费者权益保护法》所保护消费者的权利有哪些?

4. 网络经营者的义务有哪些?

第7章

电子商务与税法

7.1 税收法律制度

7.1.1 税收及其特点和作用

1. 税收的含义

税收是国家凭借政治权力,依照税法规定参与国民收入分配和再分配,无偿取得财政收入的一种形式。税收是人类社会发展到一定历史阶段的产物。人类社会有了剩余产品,出现了国家,才产生了税收。社会剩余产品和国家的存在是税收产生的基本前提。

2. 税收的特点

税收具有强制性、无偿性和固定性三个特点。

(1) 强制性

税收是国家凭借政治权力开征的,并运用法律手段公布征税标准,保证征税任务的完成。每个公民、企业和其他单位都有依法纳税的义务。

(2) 无偿性

税收强制征收后无偿归国家所有。国家对具体纳税人既不需要偿还,也不必付出任何代价作为交换。

(3) 固定性

税收是国家按照法律预先规定范围、标准和环节征收的,在一定时间内保持稳定不变,具有相对固定性。

3. 税收的作用

税收具有组织收入、调节经济和监督管理三个方面的职能和作用。

(1) 税收是国家组织财政收入的主要形式和工具

由于税收具有强制性、无偿性、固定性的特点,因而能保证财政收入的稳定性,为实现国家职能提供财力保证。

（2）税收是国家调控经济的一个重要杠杆

国家通过税种的设置，以及在税目、税率等方面的规定对产业结构、生产消费、公平分配、吸引外资等方面进行调节，以促进经济的健康发展。

（3）税收是对客观经济情况进行监督管理的重要手段

国家在征收税款过程中，一方面要查明情况，正确计算并收取税款；另一方面又能发现纳税人在生产经营中或在缴纳税款过程中存在的问题。对此，征税部门可以督促纳税人采取措施纠正，也可通知有关部门及时纠正解决。

7.1.2 税法的含义和构成要素

1. 税法的含义

税法是调整税务关系的法律规范的总称。税务关系包括税务机关与纳税人之间在无偿征收一定的货币或者实物过程中发生的税收征纳关系，以及国家因税收管理而发生的社会关系。税收与税法联系密切，税收是一种取得财政收入的分配形式，税法则是这种分配形式的法律确认。一个国家的税收制度总是通过税法加以明确规定的。

2. 税法的构成要素

（1）主体

主体是指税收法律关系中权利义务的承担者。税收法律关系中的主体分为征税主体和纳税主体。征税主体是指代表国家行使征税职权的各级税务机关和其他征税机关；纳税主体是指依法直接负有纳税义务的自然人、法人和其他组织。

因税种不同，可能有不同的主体，我国税法中对有关主体均有规定。如增值税的征税主体是税务机关，关税的征税主体是海关；又如营业税的纳税主体是在我国境内提供税收法规规定的劳务、转让无形资产或者销售不动产的单位和个人，而资源税的纳税主体是在我国境内开采税法规定的矿产品或者盐的单位和个人。纳税主体与税款的实际负担人，有时一致，有时不一致。两者一致时，纳税主体就是该税的实际负担人，如个人所得税；两者不一致，是指在有些情况下纳税主体是生产和销售产品的企业，而实际负担人则是该产品的最终消费者。

（2）征税对象

征税对象是指对什么征税，是税收法律关系中权利义务所指向的对象，包括物和行为。不同的征税对象又是区别不同税种的主要标志。我国现行税收可分为五类：①流转税，是对商品销售额或服务性业务的服务营业额征税，如增值税、营业税等；②所得税，是对所得额或收益额征税；③财产税，是按财产的价值或租价额征税；④行为税，是对特定的行为征税；⑤资源税，是对资源级差收入征税。

（3）税目

税目是指征税对象的具体项目。规定税目的目的有两个：一是为了明确征税的具体范围；二是对不同的征税项目规定不同的税率。税目是征税对象的具体化，反映征税的范围和广度。

（4）税率

税率是应征税额与计税金额之间的比例，是计算税额的尺度。税率的高低直接体现国家的政策要求，直接关系国家财政收入的多少和纳税人的负担轻重，是税收法律制度中的核心要素。我国税法中常用的税率有以下三种：

1）比例税率。它只规定一个百分比，不论征税对象量增减多少，都按这个比例征税。例如，企业所得税的税率为25%。

2）定额税率。它按征税对象的一定单位直接规定固定的税额，而不采取百分比的形式。例如，《中华人民共和国消费税暂行条例》规定：无铅汽油每升的税额为0.20元，柴油每升的税额为0.10元。

3）累进税率。累进税率是根据征税数额的大小不同，规定不同等级的税率。累进税率又分为全额累进税率、超额累进税率和超率累进税率三种。

全额累进税率按征税对象的金额多少划分为若干等级，并按其达到的等级规定不同的税率。征税对象的金额达到哪一个等级，即按相应的税率征收。目前我国税法中已不再采用这种税率。超额累进税率是将征税对象划分为不同的部分，按不同的部分规定不同的税率，按每个等级的部分分别计算税额。例如，《中华人民共和国个人所得税法》中，将工资、薪金所得划分为七个等级，并规定了七级超额累进税率。超率累进税率是按征税对象的某种比例来划分不同的部分，并规定相应的税率。《中华人民共和国土地增值税暂行条例》中，将土地增值额和扣除项目金额按不同的比例，划分为四个等级，并规定了四级超率累进税率。

（5）纳税期限

纳税期限是指纳税人的纳税义务发生后应依法纳税的期限。

（6）减免税

减免税是国家对某些纳税人和征税对象给予鼓励和照顾的一种特殊规定。减免税主要包括以下三个方面的内容：

1）减税和免税。减税是指在按规定应征收的税额中少征一部分税；免税是指对按规定应征收的税额全部免征税。

2）起征点。这是指征税对象达到一定数额才开始征税的界限，征税对象的数额没有达到规定数额的不征税，征税对象的数额达到规定数额的，就其全部数额征税。

3）免征额。这是指征税对象总额中免予征税的数额，即将征税对象中的一部分先予减免，然后就减免后的剩余部分计征税款。

（7）罚则

罚则也称法律责任，是对违反税法规定的行为人采取的处罚措施。一般包括违法行为和因违法而应承担的法律责任两部分。法律责任包括行政责任和刑事责任。纳税人和税务人员违反税法规定，都应依法承担法律责任。

7.1.3 我国税法体系中的现行税种

1. 税收种类

我国税法体系中的税收种类包括以下几种：

（1）流转税

其特点是征税伴随商品交换和非商品服务进行，计税依据是商品的价格和服务收费，税额是商品价格或服务收费的组成部分。它包括增值税、土地增值税、消费税、营业税和关税。

（2）所得税

所得税的征税对象是所得额或收益额，税额的多少取决于纳税人的收益额。征税一般按全年所得额或收益额征收，采取分季（月）预交、年终结清、多退少补的方法。它包括企业所得税和个人所得税等。

（3）财产税

财产税的征税对象是房产等财产的价值额或租价额，税额只同财产的数量或价值联系；可以就财产的占有征税，也可以就财产的转移征税。它包括房产税和契税等。

（4）特定行为税

其特点是具有鲜明的政策性和灵活性，特别是在抑制各类消费行为方面起着特殊作用。它包括车船税、印花税和城市维护建设税。

（5）资源税

资源税是对从事开发矿山资源、盐和开发及使用土地的单位及个人征收的一种税，解决的是由于矿山、盐、土地的资源结构、开采条件和地理位置不同产生的级差收入所造成的利润相差悬殊的问题，能够起到合理利用国家资源，加强经济核算，正确处理国家与开发企业之间的分配关系的作用。它包括资源税、城镇土地使用税和耕地占用税。

2. 若干税种的主要规定

（1）增值税

增值税是指以新增加的价值，即增值额为征税对象的一种税。所谓增值额就是一个生产环节的销售收入额，扣除同期消耗了的外购原材料、燃料、动力和计入成本的包装物等金额后的数额。其主要规定是：

1）纳税主体是在我国境内销售货物或者提供加工、修理修配劳务，销售服务、无形资产、不动产以及进口货物的单位和个人。

2）征税对象是应税产品的增值额。

3）征税范围主要是对在我国境内销售货物和进口货物征收增值税（销售不动产除外），以及对提供加工、修理修配劳务征收增值税。

4）增值税税率按照13%、9%、6%三档征收，征收率为3%。

5）增值税计征实行价外征收的办法，实行根据发货票注明税金进行税款抵扣的制度。商品零售环节的发票不单独注明税金，因为商品零售继续实行价内税，税金已包含在价格之内。

（2）消费税

消费税是对特定的消费品和消费行为征收的一种税。其主要规定是：

1）征税范围包括14类产品：烟、酒及酒精、化妆品、贵重首饰及珠宝玉石、鞭炮与焰火、成品油、汽车轮胎、摩托车、小汽车、高尔夫球及球具、高档手表、游艇、木制一次性筷子、实木地板。消费税范围的确定首先考虑的是我国人民的消费结构，生活必需品一般不征消费税。同时也考虑了我国经济发展状况、消费水平、资源供给和消费需求及国家财政的需要。

2）纳税主体是在我国境内生产、委托加工和进口应税消费品的单位和个人。

3）消费税根据不同的应税消费品分别实行从价定率、从量定额，或者从价定率和从量定额复合计税的办法计算应纳税额。14类应税消费品的税率有高有低，如烟类中最高的甲类卷烟，税率为45%加0.003元/支，小汽缸容量（排气量）的小汽车税率为1%，黄酒、啤酒、成品油采用定额税率。

（3）企业所得税

1）纳税主体为下列实行独立经济核算的企业或者组织：①国有企业；②集体企业；③私营企业；④联营企业；⑤股份制企业；⑥因生产、经营所得和其他所得的其他组织。

2）征税对象，即纳税人每一纳税年度的收入总额减去准予扣除与纳税人取得收入有关的成本、费用、税金和损失后的余额为应纳税所得额。

3）税率采用比例税率，为25%。

（4）个人所得税

1）纳税主体是在我国境内有住所，或者无住所而一个纳税年度内在我国境内居住累计满一百八十三天的个人，从我国境内和境外取得的所得；在我国境内无住所又不居住或者无住所而一个纳税年度内在我国境内居住累计不满一百八十三天的个人，从我国境内取得的所得，均应依照规定缴纳个人所得税。

2）征税对象为下列各项个人所得：①工资、薪金所得；②劳务报酬所得；③稿酬所得；④特许权使用费所得；⑤经营所得；⑥利息、股息、红利所得；⑦财产租赁所得；⑧财产转让所得；⑨偶然所得。

3）个人所得税起征点是个人所得税工、薪所得减除费用标准或免征额。从 2018 年 10 月 1 日起，个税起征点提高至 5000 元。综合所得，适用百分之三至百分之四十五的超额累进税率；经营所得，适用百分之五至百分之三十五的超额累进税率。

与此同时，为了更好地发挥个人所得税的收入再分配功能，规定了子女教育、继续教育、大病医疗、住房贷款利息、住房租金、赡养老人等六项专项费用扣除，这有利于增进不同负担家庭之间的税收公平。利息、股息、红利所得，财产租赁所得，财产转让所得和偶然所得，适用比例税率，税率为百分之二十。

7.1.4　我国税收征收管理的主要规定

《中华人民共和国税收征收管理法》（以下简称《税收征收管理法》）是调整税收征收管理活动的专项法律，是国家税法体系的重要组成部分。第十二届全国人民代表大会常务委员会第十四次会议于 2015 年 4 月 24 日通过了《中华人民共和国税收征收管理法》（修订版）。2016 年 2 月 6 日国务院对《中华人民共和国税收征收管理法实施细则》进行第三次修订。该法的制定和实施，对加强税收法制工作具有重要意义。

1. 税收征收管理机构及其职责

负责税收征收管理工作的有税务主管部门和税收管理机关。税务主管部门又称国务院税务主管部门，是指财政部和国家税务总局。

（1）税务主管部门

根据国务院规定，财政部是国务院综合管理国家财政收支、主管财税政策、实施财政监督、参与对国民经济进行宏观调控的职能部门。在税收管理方面的职责是制定和执行国家财政、税收的方针、政策，指导全国财政工作，制定全国财政、税收等法规，组织制定税收条例，决定、规定及有关实施细则等法规性文件制定。制定减免税规定，审定对国家预算影响较大的临时和特案的减免税，管理和监督全国各项财政收入，包括税收收入。国家税务总局是国家主管税务工作的职能机构。有权参与制定有关的税收法规及其实施细则，制定贯彻中央统一税收政策的某些具体政策和税收业务的规章制度等。

（2）税收征收管理机关

税收征收管理机关目前有：国家税务总局、地方税务局和海关。

1）国家税务总局主要负责以下各税的征收与管理：①增值税；②消费税；③车辆购置税；④铁道部门、银行总行、保险总公司集中缴纳的营业税、所得税、城市维护建设税、教育费附加；⑤中央企业缴纳的所得税；⑥中央与地方所属企业、事业单位组成的联营企业、股份制企业缴纳的所得税；⑦地方银行及非银行金融企业缴纳的所得税；⑧海洋石油企业缴纳的所得税、资源税；⑨部分企业的所得税；⑩证券交易税（开征之前为对证券交易征收的印花税）；⑪个人所得税中对储蓄存款利息所得征收的部分；⑫中央税的滞纳金、补税、罚款。

2）地方税务局主要负责下列各税的征收与管理：①营业税；②个人所得税（不包括对银行储蓄存款利息所得征收的部分）；③土地增值税；④城市维护建设税（不包括上述由国家税务局系统负责征收管理的部分）；⑤车船税；⑥房产税；⑦屠宰税；⑧资源税；⑨城镇土地使用税；⑩地方国有企业、集体企业、私营企业缴纳的所得税；⑪印花税；⑫筵席及其地方附加税；⑬耕地占用税；⑭契税；⑮地方税的滞纳金、补税、罚款。

3）海关主要负责下列税收的征收与管理：①关税；②委托代征的进出口环节消费税、增值税；③行李和邮递物品进口税。

（3）税收征收管理机关的职责

1）实施税务管理。包括办理税务登记，受理纳税申报，并对纳税人的账簿、凭证进行管理。

2）征收税款。

3）实施税务监督检查。

4）实施税务行政处罚措施。

5）对征收的税款应及时入库，不得挪用、侵占，不得贪污盗用。

6）在实施税收征管活动中因违法行为给纳税人造成损失的应赔偿损失。

7）对被检查人或纳税人的商业秘密负有保密的义务。

2. 税务管理

税务管理包括税务登记、账簿凭证管理和纳税申报等内容。

税务登记是纳税人在开业、变更或终止时应依法向税务机关办理登记的法定手续。

企业、企业在外地设立的分支机构和从事生产、经营的单位，个体工商户和从事生产、经营的事业单位（统称从事生产、经营的纳税人）自领取营业执照之日起30日内，持有关证件，向税务机关申报办理税务登记。税务登记内容发生变化的，自工商行政管理机关办理变更登记之日起30日内或者在工商行政机关申请办理注销登记之前，持有关证件向税务机关申报办理变更或者注销税务登记。

从事生产、经营的纳税人、扣缴义务人应自领取营业执照之日起15日内按照国务院财政、税务主管部门的规定，设置账簿。根据合法、有效凭证记账，进行核算。

发票必须由省一级人民政府税务主管部门指定的企业印制，增值税发票由国家税务总局指定的企业统一印制。发票应当套印全国统一发票监制章。申请领购发票的单位和个人，应当在领取税务登记证后向税务机关领购发票。

纳税人必须在法律、行政法规规定或者税务机关依法确定的申报期限内办理纳税申报。报送纳税申报表、财务会计报表以及税务机关根据实际需要要求纳税人报送的其他纳税资料。

3. 税款征收

税务机关应依照法律、行政法规的规定征收税款，不得违反法律、行政法规的规定开征、停征、多征或者少征税款。

纳税人未按规定期限缴纳税款的，扣缴义务人未按规定期限解缴税款的，税务机关除责令限期缴纳外，从滞纳税款之日起，按日加收滞纳税款5‰的滞纳金。

4. 违反税法的行为及其法律责任

违反税法的行为是指纳税主体或征税机关以及直接责任人员侵害税收征收管理制度的行为。违反税法的法律责任是指违反税法的行为人所应承担的行政责任和刑事责任。主要包括下列几个方面：

（1）违反税收征收管理规定的行为及其法律责任

违反税收征管规定的行为主要有以下几种：

1）未按照规定期限申报办理税务登记、变更或者注销登记的。

2）未按照规定设置、保管账簿和记账凭证、有关资料的。

3）未按照规定将财务、会计制度或者财务、会计处理办法和会计核算软件报送税务机关备查的。

4）未按照规定将其全部银行账号向税务机关报告的。

5）未按照规定安装、使用税控装置，或者损毁或者擅自改动税控装置的。

对上述情况，由税务机关责令限期改正，并可以处2000元以下的罚款；情节严重的，处2000元以上1万元以下的罚款。

（2）偷税抗税行为及其法律责任

1）偷税及其法律责任。偷税是指行为人采取伪造、变造、隐匿、擅自销毁账簿、记账凭证，在账簿上多列支出或者不列、少列收入，或者采用虚假的纳税申报等手段，不缴或者少缴应纳税款的行为。

行为人偷税的，除追缴偷税款、滞纳金外，处以偷税数额50%以上5倍以下的罚款；构成犯罪的，依法追究刑事责任。

2）抗税及其法律责任。抗税是指以暴力、威胁等方法拒不缴纳税款的行为。抗税除由税务机关追缴其拒缴的税款、滞纳金外，依法追究刑事责任；情节轻微，未构成犯罪的，由税务机关追缴其拒缴的税款、滞纳金，处以拒缴税款1倍以上5倍以下的罚款。

7.2 电子商务税收中的法律问题

7.2.1 电子商务税收的特征

电子商务是基于互联网的商务活动，其贸易的形式、途径、手段均与传统的实物直接交易有本质的差别，由此带来的税收问题必然有其自身的特征。

1. 虚拟化

（1）交易行为虚拟化

电子商务是利用互联网进行的，交易行为发生在虚拟商店、虚拟公司、虚拟超市等虚拟世界。

（2）税收概念虚拟化

传统的税收法律制度是由各个主权国家制定并执行的。各国税法规定本国的征税范围、应税项目、免税政策和征收管理办法。随着电子商务的发展，商业交易已不存在任何地理界限，也就是说，电子商务利用互联网的虚拟世界，已无法用国界来区分，更无法依靠任何一个国家的税收法律制度来规范网上交易行为的课税。

（3）税务信息虚拟化

税收制度能否有效发挥作用取决于如何将搜集到的信息转变为纳税义务。如果缺乏足够的税务信息，任何税种都无法实施。现代税制大都以交易为课税基础，税务当局需要以低成本获得大量有关商品和劳务交易的时间和地点信息，并通过常设机构和住所等概念，将纳税义务与纳税人的活动联系起来。然而，电子商务的基础是开放的，是以不记名方式联系的网络，不需要从事经济活动的双方在交易的地点出现；因而无法满足现行税制对信息的要求。

（4）交易对象虚拟化

电子商务交易对象均被转化为"数字化信息"在网上传送，税务机关很难确定其交易对象的性质和数量。例如，企业可以通过任何一个站点向用户发放专利或非专利技术以及软件产品等，当用户需要时，只需通过密码将产品打开或在网上复制一下就可以了。这时，产品的物质载体和销售数量都不存在，打破了常规的销售观念。一方面，税收机关很难核实其销售收入；另一方面，对其按销售货物征收增值税还是按无形资产征收营业税，现行税法没有明确规定，使税务机关无所适从。

（5）税收原则虚拟化

网上贸易使一些税收原则虚拟化，如国际税收中的税收管辖权是为避免国际重复征税而设立的基本原则之一，而电子商务的发展使经济活动与特定地点间的联系弱化。在传统的贸易形式下，政府能够通过控制要素（如住所、机构、收入来源等）行使税收管辖权。例如，政府通过住所来确认居民，这构成政府对居民行使税收管辖权的依据。传统的住所确认通常以实物所在地和公司组建地或有效控制地为标准。然而，通过互联网络提供的贸易和服务却很难控制和管理。即使一桩简单的交易也可能涉及四个管辖区：卖方基地、信息服务器所在地、买方基地、因买方流动获得货物而产生的第四处。由于消费者可以匿名，制造商可以隐匿其居住地，因而电子消费很容易隐藏。现代的通信技术可以使人与人之间的合作不需要在哪个国家设立固定场所就能进行。因此，无姓无名的电子商务使税务当局束手无策，让审核稽查变得有点过时而无用。

2. 多国性

电子商务依赖于互联网，将现实生活中原来在某一国家完成的交易，变为可在多个国家进行。即电子商务的发展大大促进了跨国企业集团内部功能一体化，通过互联网将产品的研究、设计、生产、销售合理地分布于世界各地。

电子商务税收的多国性特点，为跨国纳税人利用合法手段跨越税境，通过人、资金、财产的国际流动，减少以至免除其对政府的纳税义务提供了有利条件。跨国避税更加容易，只需一台电子计算机、一个调制解调器、一部电话并在避税地建立一个网址即可，随着银行网络化及电子货币和加密技术的广泛应用，纳税人在交易中的定价更为灵活、隐蔽，对税收管辖权的选择也更为便利。

3. 隐蔽性

美国财政部在 1996 年 11 月发布的关于互联网贸易税收政策的白皮书中，归纳出了电子商务影响征税的以下特点：①消费者可以匿名；②制造商很容易隐匿其居住地，税务当局无法判定电子商务情况；③电子消费行为很容易隐蔽。

4. 便捷性

由于电子商务的交易是在互联网上完成的，因此，电子征税为税务部门在电子商务税收征管方面提供了新的手段。电子征税包括电子申报和电子结算两个环节。

1）电子申报指纳税人利用各自的计算机和电话机，通过电话网、分组交换网、互联网等通信网络系统，直接将申报资料发送给税务局，从而实现纳税人不必亲临税务机关，即可完成申报的一种方式。

2）电子结算是指国家税收部门根据纳税人的税票信息，直接从其开户银行划拨税款的过程。同时，电子申报不仅减少了数据库录入所需的庞大的人力和物力，电子申报器在税款征收环节的广泛使用，还大幅度降低了输入、审核的错误率。

7.2.2　电子商务税收的新特征给现行税收带来的问题

1. 纳税主体的身份难以判定

纳税主体也就是纳税人。现行税法规定的纳税人是指经工商行政管理机关批准登记的，有一定的财产和资金及固定的生产经营场所，能独立核算，并能承担经济民事责任的法人或自然人。而电子商务是以互联网为基础的网络贸易，贸易双方不一定要经过工商登记，当然也就谈不上进行税务登记。双方只需一个网址、一台电脑、一台电话机就可以进行贸易。因此，这样根本无法明确纳税义务人，动摇了税法中"住所"的基本概念。况且，互联网先天具有的全球化、无国界、流动性的特点，使之成为纳税人的避风港湾。因为只要纳税人有便捷式计算机或电话机就可以轻而易举地改变经营地址，特别是那些从事跨国经营的有关联交易的公司，会选择从一个高税率国家迁至低税率的避税港，从而轻易地逃避税收，使纳税主体依旧无从确定。另外，电子商务贸易涉及的对象较之传统商贸要复杂得多，往往涉及卖方、买方、代理方及网络服务器四个方面，无从选择纳税主体。

2. 课税依据难以确定

传统税收征管的重点是纸面单证，离不开对商业活动留下的订单、发票、凭证、账册和报表的审查，从而确认交易的价值和营业额的证据，进而确认计税依据。税务机关也可以对银行账册或信用卡报表进行审查，确定计税依据。但在网络贸易中，无纸化操作和虚拟化以及隐蔽性是电子商务的显著特点。所有的信息都通过网络传输，不涉及现金，无须开具凭证。各国税法普遍规定，企业必须按交易发生的实质记账并保存账册若干年，以便税务部门据以审查，从而给税务部门征管奠定了纳税人住所和账册凭证的基础。电子商务的无纸化操作及经营场所的频繁变动使交易活动不会留下可供税务机关确定课税依据的痕迹，使现行税务机关无从下手。另外，电子货币在交易结算中采用匿名的方式，使税务机关无法跟踪。加密技术的发展和应用，使商品和劳务无法区分。因此，电子商务使课税依据模糊不清，就连美国这个拥有庞大、复杂、严密的税法的国家，也没有规定通过电子邮件和电话购物是否征税。

3. 数字产品电子商务税收的实现问题

纵观各种形式与产品的电子商务，数字产品的电子商务不仅具有一般形态的电子商务所具有的商流与信息流的虚拟性，更因其产品形态的特殊性，又具备了物流的虚拟性特点。这一特点使其在纳税人身份的判定中、交易过程的可追溯性上与税务稽查上有效实现的难度都大大增加。甚至可以说，如果一个数字产品电子商务的经营者不如实地履行各项纳税申报，那么税务机关基本上没有什么有效的方法与途径去追查其交易商品、资金的各项细节。这一问题已引起世界各国的普遍关注，欧洲有些国家曾提出按劳务征收数字产品电子商务税的设想，但总体来看，至今还没有太好的办法来解决这一难题。

4. 如何避免对电子商务双重征税的问题

上面提到的对纳税人身份的判定问题、交易过程的可追溯性问题、电子商务过程的税务稽查问题、数字产品电子商务的税收问题等，都是从如何有效地实现税收征管、避免偷漏税的角度来列举的。然而，如果从另一个角度来看，也正是因为电子商务中纳税人的身份、主营地点、交易的细节、交易凭证等环节都难以有效确认与监管，所以也必然会存在对电子商务双重征税或多征税的问题。如果电子商务中的各环节不能有效地确认，不能处理好依照电子商务中商流或信息流征税与根据物流征税的有效衔接的问题，那么电子商务中的双重征税或多征税的问题恐怕是无法避免的。

5. 如何从税收优惠的角度鼓励电子商务的发展

随着全球进入信息经济时代，电子商务作为 21 世纪的主要经济贸易方式之一，必将给世界各国经济的增长方式带来巨大的变革。对于这样一种崭新的、具有重大意义及强渗透性的产业，在其发展初期，尤其在其获利甚微的阶段，国家从政策优惠的角度对电子商务业给予一定程度的税收优惠还是非常必要的。

6. 国际电子商务中税收管辖权的确定

税收管辖权确定的困难已在国际电子商务中显现出来，这主要是由于世界各国所采取的确定税收管辖权的标准不同引起的。所谓税收管辖权，是指一国政府对一定的人或对象征税的权力。正如前文所举的例子一样，当消费者通过在不同国家拥有的网络商业中心采购时，关于哪个国家有权收取消费税的问题就会显现出来，并且在处理相关问题的过程中，极易造成重复征税或偷漏税的现象发生。

7. 税收电子申报中的相关问题

税收电子申报包括电子申报与电子缴税。

电子申报是指纳税人利用各自的报税工具（如电话机、计算机等），通过电话网、分组交换网、数字数据网（DDN）等通信网络系统，直接将申报资料发送给税务局，完成纳税申报。

电子缴税是指纳税人、税务局、银行、国库间通过计算机网络进行税款结算、化解的过程。该环节完成了纳税人、税务局、银行和国库间电子信息及资金的交换，实现了税款收付的无纸化。

同传统缴税方式相比，电子报税提高了申报的效率和质量，降低了税收成本。对纳税人来说，申报不受时间与空间的限制，方便、省时、省钱；对税务机关来说，不仅减少了数据录入所需的庞大的人力、物力，还大幅度提高了数据的正确率；由于采用现代化计算机网络技术，还实现了申报、税票、税款结算等电子纳税人、银行和国库间的传递，加快了票据的传递速度，缩短了税款在途滞留的环节和时间，确保了国家税收的及时入库。

不过，我国电子报税目前还处于探索与尝试的阶段，电子报税不仅涉及税务系统与其他部门间的信息共享，还包括纳税人、税务局、国库、银行等部门在数据格式、传输频率、数据传输控制、安全机制等方面的协调，需要建立部门间的数据交换机制等。此外，还会涉及税收电子申报数据的法律效力等问题。

7.3 电子商务发展对我国现行国内税收的影响

7.3.1 电子商务对现行流转税的影响

1. 电子商务对现行增值税的影响

《中华人民共和国增值税暂行条例》（以下简称《增值税暂行条例》）规定，在我国境内销售货物或者提供加工、修理修配劳务，销售服务、无形资产、不动产以及进口货物的单位或个人，就其取得的货物或应税劳务金额，以及进口货物金额计算税款。在电子商务时代的跨国或国内交易中，顾客通过上网订购商品有以下两种情形：

1）如果这类商品并非经由网络电子化传送。例如，某公司向国外网站购买某种商品，当这些商品需要离线（off-line）交易时，电子商务对增值税影响不大。例如，这些商品运抵我国海关时，海关依照规定代征进口产品增值税。

2）如果这类商品经由网络电子化传送，属于在线交易（on-line）情况下，则征免增值税的适用法规确有问题。主要表现在以下几个方面：

①甲某在国外网站通过互联网以电子化传送数字化产品给国内乙某，是否应课征进口商品增值税？假如认定其是进口货物，按税法规定应征收增值税，但实际上政府能否收到这笔税让人怀疑。因为，依照税法规定，进口货物的收货人或代理人为纳税人。当数字化产品以电子化传送时，这些收货人一般是大众消费者，每宗交易的数量又相对较少，他们一般不会也不可能想到要到税务机关申报纳税，税务机关也很难掌握有关的资料。

②甲某在国外网站通过互联网向国内用户提供修理、修配的技术支持指导，按税法规定属应税劳务。但若甲某不主动申报，税务机关发现该类交易的可能性微乎其微。

③我国为鼓励货物出口，按《增值税暂行条例》的规定，对符合规定的货物实行退（免）税优惠政策。假如有某一纳税人在我国设立的某一网站销售货物或应税劳务给全世界消费者使用，则此时如何区别内销与外销？在纳税人极力夸大其外销份额的情况下，税务机关又如何查核事实真相？

2. 电子商务对关税的影响

电子商务对关税的影响类似于对增值税的影响。在上述增值税论述的两种情形中，在第一种方式下的交易同目前国际邮购方式无异，在商品经过海关时，按规定予以征免关税。在第二种方式下，当通过互联网订购数字化商品时，客户直接由网上下载商品，不必课征关税，这已获国际上的普遍认同。但是，由于许多有形商品可以转化成数字化产品，预计未来关税会相应减少。

此外，由于我国对低于一定金额下的物品免征进口关税，在未来跨国界小额进口逐渐取代中间代理商品额进口，且将有形商品转化为数字化商品的情况下，将会对我国关税收入有所影响。

7.3.2　电子商务对现行所得税的影响

1. 电子商务对所得来源地认定的影响

目前，我国对非居民仅就来源于国内的所得征税，而对居民则对境内外所得全部征税。假定我国居民在美国设立一个网站，直接通过互联网向全世界销售商品，则我国居民由该网站取得的所得，是否属于来源于美国的所得？

1）该所得来源于何国，对居民公司有如下影响：

①假定美国认定其为来源于美国之所得，我国也同意此观点，则居民公司须就该所得在我国纳税，其在美国已缴纳的所得税可抵扣我国的企业所得税。

②假如美国认定其为来源于美国之所得，我国不予承认，则居民公司必须就该项所得在我国纳税，且在美国已缴纳的税款不得抵扣，因而造成双重征税。

2）该所得归属于何国，对居民个人有如下影响：

①如果美国认定其为来源于美国之所得，我国也同意此观点，则该笔个人所得在美国要缴纳所得税，但在国内合并申报时可按规定获得抵扣。

②如果双方均认为其来源于本国的所得，则将造成双重征税。

2. 电子商务对所得税类的影响

在我国实行分类所得税制，不同种类所得税适用不同的税率。在电子商务时代，营业所得、特许权使用费、劳务报酬等所得之间的分类变得模糊不清。例如，某非居民公司通过互联网传送统计资料给我国用户时，其获得的所得，应属来源于我国的所得，但是属于哪种呢？

1）如果这些数据类似书籍杂志刊载的数据，电子化传送与取自实体文件并无不同，应属营业利润。

2）如果这些数据资料是专为顾客搜集加工的，属提供劳务一类。

3）如果这些数据资料是特别为顾客开发程序之用，属智力财产，应视为特许权使用。

在上述情况下，对电子商务交易的不同认定将会导致对所得税税率适用的影响。由于所得类型模糊化，又将导致新的避税行为。

7.3.3 电子商务对我国现行涉外税收的影响

1. 电子商务对总机构认定的影响

根据《中华人民共和国企业所得税法》规定，依法在中国境内成立，或依照外国（地区）法律成立但实际管理机构在中国境内的企业属于居民企业，就来源于中国境内、境外所得缴纳企业所得税。

在互联网尚未盛行时，总机构（实际管理）是指在我国境内设立的负责该企业经营管理与控制的中心机构，必须有实体建筑物的存在，以便公司人员可以集会讨论诸如管理等问题。然而互联网科技盛行之后，在网上通过可视会议系统的通信技术，即使不具有实体建筑物，仍然可以在境外进行管理与控制。在这种情况下，如何认定总机构地点？如果参加可视会议的人员遍布全球，则公司的决策地点又该如何认定？

2. 电子商务对我国常设机构的影响

如前所述，依我国税法规定，非居民如有来源于我国境内的所得，在没有税收协定的情况下，我国必须对此所得课税。然而在与非居民所在国有税收协定的情况下，非居民企业若在我国有"营业利润"，且该营业利润并非通过该非居民企业设在我国的常设机构（Permanent Establishment，PE）所取得时，我国无权对此课税。

1）传统的常设机构。传统的常设机构是指一个企业进行全部或部分营业的固定营业场所，其概念包括以下两种：

①经营的固定场所，包括管理机构、分支机构、办事处、工厂、车间等，但专为采购货品用的仓库或保养场所而非用以加工制造货品的，不在此列。

②营业代理人，但此代理人如果是为自己经营的，则不在此列。

2）在电子商务交易中，由于可以在任何国家设立或租用一个服务器，成立一个商业网站，常设机构的传统定义受到冲击。假定一新加坡企业在我国设立一个网站，提供商品目录，直接接受全世界顾客的订货并以此完成交易行为，此种情况下的网站是否具有常设机构的性质值得讨论：

①这个网站是否是一个企业从事全部或部分营业的固定场所？或者仅是"目的仅为储存、展示或运送属于该企业货物或商品的设备"？如果这些商品是数字化商品，因它们储存并展示在该网站中，且网站也直接"运送"商品给顾客，似乎该网站不属于常设机构，然而当考虑到顾客可直接在网站上"订货"且被接受，此时网站又是企业从事全部或部分营业的固定营业场所，似乎又能构成常设机构。

②如果这些商品不属于数字化商品，不能通过互联网下载到顾客处，此时该网站不一定视为常设机构，但当顾客在该网站订货并收到货物（如书籍），该网站是否属代理人？

③上述例子，如改为该网站是银行提供存款的服务或证券机构提供股票即期、远期等

交易服务时，情形又有变化，似乎应该视为常设机构。

④如果将该网站视为常设机构，则由于网站能轻易从一国流动至另一国，甚至当先进的便捷式计算机可充当服务器时，业主很可能会为了避税，而将网站迁移至低税率或其他避税地区，这并不影响网站的访问率。

3. 电子商务对转移价格的影响

转移价格亦称转让价格、划拨价格，它是跨国公司在国际避税活动中常采用的方式。跨国公司根据全球的经营战略目标，在关联公司（指具有直接或间接控制的法律关系的两个或两个以上的公司，以参股形式形成一个跨国公司，母公司与其子公司之间以及子公司与子公司之间的关系）之间通过销售商品、提供劳务或专门技术、资金借贷等活动确定的企业集团内部价格。它不决定于市场供求，只服从于跨国公司整体利益的需要。关联公司转让价格的手法很多，主要通过调整影响关联公司产品成本的各种费用和因素来转移关联公司的利润。

1）通过零部件的销售价格和进出口价格影响产品成本。例如，为了使子公司获取较高利润，可以由母公司等关联公司向子公司低价销售零部件，或由子公司向母公司高价出售产产品而达到目的；反之，也可以减少子公司的利润。

2）通过关联公司固定资产的购置价格与使用期限来影响其产品成本费用。因为固定资产的价格以及使用年限直接关系到折旧费的多少，进而影响到产品成本。

3）通过提供贷款的利息费用、特许权使用费、咨询等劳务费用以及租金等影响关联公司的产品成本和利润。例如，为了减少子公司的利润，母公司可以向子公司收取较高的利息费用、特许权使用费，或向子公司的产品成本中摊入较多的管理费用，而把利润转移到母公司财务账上。

4）通过关联公司之间收取较高或较低的运输费用、保险费、佣金、回扣等转移利润。

总之，跨国公司可以通过各种办法，控制转让定价，转移关联公司的利润。转移价格隐蔽了跨国公司经营的真实情况，掩盖了价格、成本、利润间的正常关系。盈利的关联企业不一定真正盈利，而亏损的企业也不一定真正亏损。

在电子商务普及的情况下，利用转移价格避税的问题将更为普遍。传统交易中利用转移价格避税已屡见不鲜，税务机关均使用可比较利润法、成本加价法、转售价格法等对非常规交易的价格和利润进行调整。在电子商务时代，企业可通过互联网或内部网络从事交易或进行价格转移，这势必对传统的转移定价调整方法带来挑战。

4. 电子商务对国际税务合作的影响

由于电子商务对各国税收带来的影响不尽相同，各国之间税收利益也必须做出新的调整。比如，当某些信息技术大国利用其技术上的优势地位损害其他国家利益时，必将带来新的国际税收冲突以及为解决冲突而进行的新的国际税务合作。

7.4 我国对电子商务税收的对策

7.4.1 制定电子商务税收的原则

为适应电子商务的出现和发展，目前，在研究制定电子商务的税收对策时，应遵循以下几项原则：

（1）以现行税制为基础的原则

在制定相关税收政策时，应以现行税收制度为基础，针对电子商务的特点，对现行税收制度作必要的修改、补充和完善。这样做既不会对现行税制形成太大的影响，也不会产生太大的财政风险。

（2）不单独开征新税的原则

不能仅仅针对电子商务这种新贸易形式而单独开征新税，不然会导致税收负担的不公平分布，影响到市场对资源的合理配置。

（3）保持税制中性的原则

不能使税收政策对不同商务形式的选择造成歧视。

（4）税收政策与税务征管相结合的原则

根据可能的税务征收管理水平为前提来制定税收政策，以保证税收政策能够被准确地实施。

（5）维护国家税收利益的原则

应当在互利互惠的基础上，谋求全球一致的电子商务税收规则，保护各国应有的税收利益。

（6）居民管辖和地域管辖并重的原则

在对互联网实行零关税后，发展中国家的国门不再是保护国内企业的屏障。如果放弃地域管辖权，则发达国家可以通过网上贸易，绕开发展中国家的关税壁垒，使发展中国家的关税丧失保护作用。我国如果放弃地域管辖权将造成税收收入的大量流失，这在实践上是很难行得通的。

在税收管辖权问题上，考虑到我国及广大发展中国家的利益，应坚持居民管辖权与地域管辖权并重的原则。再结合网上交易的特征，在我国现行的增值税、消费税、所得税、关税等规定中补充对网上交易征税的相关条款。具体到劳务提供的税务处理上，对不必出场的网上提供劳务的税收问题，应采取特定的税率分成的方法，在居住国和收入来源国之间划分。此外，应该密切关注智能服务器的发展，保留对来源于智能服务器的所得征税的权利，随着智能服务器业务范围的扩大，适时地采取相应的税收政策。

（7）前瞻性原则

要结合电子商务和科学技术水平的发展前景来制定税收政策。

7.4.2　我国对电子商务税收的措施

1. 加快实施电子征税

电子征税是指利用电子信息网络对商家网上交易和非网上交易征税的新方式。电子征税包括电子申报和电子结算两个环节。

第一个环节电子申报，指纳税人利用各自的计算机或电话机，通过电话网。分组交换网、互联网等通信网络系统，直接将申报资料发送给税务局，从而实现纳税人不必亲临税务机关，即可完成申报的一种方式。

第二个环节电子结算，指国库根据纳税人的税票信息，直接从其开户银行划拨税款的过程。

第一个环节解决了纳税人与税务部门间的电子信息交换，实现了申报无纸化；第二个环节解决了纳税人、税务、银行及国库间电子信息及资金的交换，实现了税款收付的无纸化。

利用现代化设计和网络技术，以电子方式进行申报、纳税，有着传统纳税方式不可替代的优势。同传统缴税方式相比，电子征税提高了申报的效率和质量，降低了税收成本。对纳税人来说，电子方式申报不受时间和空间的限制，方便、省时、省钱；对税务机关来说，电子方式纳税不仅减少了数据录入所需的庞大的人力、物力，还大幅度降低了输入、审核的错误率。另外，由于采用现代化计算机网络技术，实现了申报、税票、税款结算等电子信息在纳税人、银行、国库间的传递，加快了票据的传递速度，缩短了税款在滞留的环节和时间，从而确保国家税收及时入库。

2. 建立健全适应电子征税的征管模式，促进电子商务的健康发展

（1）建立统一的纳税人识别号

对每一个纳税人应赋予唯一的纳税人识别号，且纳税人识别要采用国家标准。对于上网企业最好建立专门的电子商务税务登记制度，使税务机关对上网企业实施监控管理。首先，要抓紧开发、完善征管监控应用系统，要在加强税收日常管理工作的基础上，把从税务登记至税务稽查的各项征管业务全面纳入计算机管理，依托计算机对征收管理的全过程实施监控。其次，要抓住重点加强监控，对增值税、个人所得税和出口产品退税等征管重点、难点加强监控。

（2）建立四级计算机监控管理网络

建成中央、省（区、市）、地（市）、县（市）四级计算机网络。

（3）加快金税工程建设

建立全国范围的纳税信息网，将纳税企业的各种资料和纳税情况及时录入，便于进行情报交换，实现国际与国内商品价格和相关资料的共享。要做到这些，一是要增加国家对税收征管改革的资金投入；二是要加大税收征管领域软件的开发和硬件方面的技术改造力度，研制具有追踪统计功能的网上征管软件。

3. 加大税收的征管和稽查力度

（1）建立规范性的认证制度

在电子贸易中，无论是数字的邮戳服务，还是数字凭证的发放，都不是仅靠交易双方自己能完成的，而需要有一个具有权威性和公正性的第三方来完成。认证机构就是承担网上安全、电子交易认证服务、签发数字证书，并能确认用户身份的服务机构。

这一机构的主要任务是受理数字凭证的申请、签发及对数字凭证的管理。认证制度可以部分解决网上应税行为的难确定性，因而税务部门有必要和认证机构协作，防止避税行为的发生。

（2）电子发票具有法律效力

自2016年起，增值税电子发票可在全国开出。这意味着电子发票将可报销入账，成为具有法律效力的会计凭证。新型电子发票有利于提高税务工作的效率，节约了社会成本，为将来的网上税务管理带来了便捷，同时也是网上交易的合法依据。

（3）加强与电子银行的合作

电子银行是指采用最新网络技术手段，利用互联网来降低运营成本，开拓新市场，处理传统的银行业务及支持电子商务支付的新型银行。电子银行是一种全新的金融服务，它引起社会的广泛关注，随之而来的是"电子货币""电子支票"等电子支付方式的出现和应用。税务部门应与银行合作，通过"电子货币""电子支票"的实际转移来确定应税行为的发生，同时这也有利于防止偷、逃税行为的发生。

（4）加强税收稽查工作

在税务稽查方面，加强同工商、银行、海关、法院、公安、边检等部门的联系，共同建立专门的税务计算机监控网络，防止在电子商务活动中税收违纪违法行为的发生。

（5）建立密钥管理系统

要求企业将计算机超级密码的钥匙的备份上交国家指定的保密机关，并建立一个密钥管理系统。税务机关在必要时可取得企业计算机的超级密码的钥匙，从而加大稽查力度。

（6）在征管、稽查中应重点加强国际情报交流、企业的网络化

开放化使得一国税务当局很难全面掌握跨国纳税人的情况，只有通过各国税务机关的

密切配合，运用互联网等先进技术加强国际交流，才能深入了解纳税人的信息，使税收征管、稽查有更充分的依据。在国际情报交流中，尤其应注意有关企业在避税地开设网址及通过该网址进行交易的情报交流，以防止企业利用互联网进行避税。

案例与分析

案例：某地区进出口公司骗税案

1. 基本案情

2019 年 7 月，某地区进出口公司向国家税务总局申报办理电阻、继电器、计算机接头线等货物的出口退税，申报退税金额 87.3 万元。退税机关在审核过程中，发现该批货物进项发票的开具方为 A 公司，货物在九龙下属海关报关出口，对此产生怀疑，认为有骗税嫌疑。经进一步调查，查明 A 公司销售该批货物的进项发票是由其总公司开出的。该笔业务名义上为代理出口，实际采取买断形式，由 A 公司提供货源，负责与外商联系，决定报关口岸和开具增值税专用发票，进出口公司提供出口报关文件和手续，负责结汇。在 A 公司自带汇票到某银行与进出口公司办理验票兑汇后，进出口公司将结汇后折合的人民币 527 万元全部付给 A 公司，并多付 53 万元，为垫付 A 公司应退未退的税款。这是一起典型的"四自三不见"买单业务，由于案发，该笔业务没有退税。

2. 案件处理

1) 对此笔业务不予办理退税。

2) 对进出口公司从事此笔业务处以 1 万元罚款。

3) 对造成损失的直接责任人给予行政处分。

分析：

该进出口公司是 2018 年才成立的公司，成立时间短，外贸经验不足，无固定客户和货源，而又急于完成创汇任务，骗税分子正是抓住这一心理，以不动用企业资金为由做"买单"出口业务，到头来，受损失的只是外贸企业自己。外贸企业应从中吸取教训，不断加强企业内部管理，依法经营。

本 章 小 结

本章主要介绍了电子商务与税法。首先介绍了税收法律制度，包括税法的含义、构成要素，我国税法体系中的现行税种；还介绍了电子商务税收中的法律问题、电子商务发展对我国现行国内税收的影响，以及我国对电子商务税收的对策。

课后练习

一、名词解释

    1. 税收   2. 纳税主体   3. 征税对象   4. 税率

    5. 所得税   6. 增值额   7. 电子申报   8. 税收管辖权

    9. 电子缴税   10. 常设机构   11. 电子银行

二、选择题

1. 累进税率是根据征税数额的大小不同，规定不同等级的税率。累进税率又分为（   ）。

    A. 全额累进税率   B. 超额累进税率

    C. 超率累进税率   D. 比例税率

2. 我国的流转税类包括（   ）及关税。

    A. 增值税   B. 土地增值税

    C. 消费税   D. 营业税

3. 下列属于我国的所得税类的是（   ）。

    A. 企业所得税   B. 外商投资企业和外国企业所得税

    C. 个人所得税   D. 印花税

4. 增值税的征税对象是（   ）。

    A. 应税产品的增值额   B. 产品销售收入额

    C. 工人工资   D. 租赁收入

5. 消费税的征税范围包括（   ）等 14 类产品。

    A. 烟、酒及酒精   B. 化妆品

    C. 贵重首饰及珠宝玉石   D. 鞭炮和焰火

6. 消费税实行的计价方法是（   ）。

    A. 价内计价法   B. 价外计价法

    C. 全额计价法   D. 成本计价法

7. （   ）建立密钥管理系统，在征管、稽查中重点加强国际情报交流、企业的网络化，可加大电子商务税收的征管和稽查力度。

    A. 建立规范性的认证制度   B. 规范电子发票

    C. 加强与电子银行的合作   D. 加强税收稽查工作

三、填空题

1. 税收具有_____性、_____性和_____性三个特点。

2. 我国税法中常用的税率有三种：_____、_____、_____。

3. 免税是国家对某些纳税人和征税对象给予鼓励和照顾的一种特殊规定。减免税主要包括三个方面的内容：_____、_____、_____。

4. 我国税法体系中的税收种类包括：_____、_____、_____、_____、_____。

5. 增值税的征税对象是_____。

6. 税收征收管理机关目前有：_____、_____、_____。

7. 税务管理包括_____、_____和_____等内容。

8. 纳税人未按规定期限缴纳税款的，扣缴义务人未按规定期限解缴税款的，税务机关除责令限期缴纳外，从滞纳税款之日起，按日加收滞纳税款_____的滞纳金。

9. 行为人偷税数额在 1 万元以下或者偷税数额占应纳税额 10% 以下的，除追缴偷税款外，处以偷税数额_____的罚款。

10. 电子商务税收的特征是指：_____、_____、_____、_____。

11. 电子商务税收的虚拟特征是指_____、_____、_____、_____。

四、判断题

1. 随着电子商务的发展，商业交易已不存在任何地理界限。　　　　　（　　）

2. 电子商务交易对象均被转化为"数字化信息"在网上传送，税务机关很难确定其交易对象的性质和数量。　　　　　　　　　　　　　　　　　　（　　）

3. 现代的通信技术可以使人与人之间的合作不需要在哪个国家设立固定场所就能进行。

　　　　　　　　　　　　　　　　　　　　　　　　　　　　　（　　）

4. 电子商务税收的多国性特点，为跨国纳税人利用合法手段跨越税境，通过人、资金、财产的国际流动，减少以至免除其对政府的纳税义务提供了有利条件。　（　　）

5. 电子申报不能实现纳税人不必亲临税务机关而能够完成申报。　　　（　　）

6. 电子商务是以互联网为基础的网络贸易，贸易双方不一定要经过工商登记，当然也就谈不上进行税务登记。　　　　　　　　　　　　　　　　　　（　　）

7. 电子货币在电子交易结算中采用匿名，使税务机关无法跟踪。　　　（　　）

8. 如果一个数字产品电子商务的经营者不如实地履行各项纳税申报，那么对于税务机关，可以说基本上没有什么有效的方法与途径去追查其交易商品、资金的各项细节。　（　　）

9. 电子商务中能够避免双重征税或多征税的问题。　　　　　　　　　（　　）

10. 同传统缴税方式相比，电子报税提高了申报的效率和质量，降低了税收成本。（　　）

11. 甲某在国外网站通过互联网向国内用户提供修理、修配的技术支持指导，按税法规定属应税劳务。　　　　　　　　　　　　　　　　　　　　　（　　）

12. 目前，我国对非居民仅就来源于国内的所得征税，而对居民则对境内外所得全部征税。　　　　　　　　　　　　　　　　　　　　　　　　　（　　）

13. 尽管顾客可直接在某个网站上"订货"且被接受，此时该网站可以看作企业从事全部或部分营业的固定营业场所，但绝对不能称之为常设机构。　　　　　（　　）

14. 税收中的电子结算指国库根据纳税人的税票信息，直接从其开户银行划拨税款的过程。　　　　　（　　）

15. 在电子贸易中，无论是数字的邮戳服务，还是数字凭证的发放，都不是靠交易双方自己能完成的，而需要有一个具有权威性和公正性的第三方来完成。　　　　　（　　）

五、思考题

1. 如何理解税法是调整税务关系的法律规范的总称？

2. 电子商务发展对我国现行税收将产生怎样的影响？

3. 我国对电子商务税收的对策是怎样的？

4. 试从网络或相关书籍中找出一个电子商务税务案例并进行综合分析。

5. 常设机构是指一个企业进行全部或部分经营活动的固定营业场所。按传统观念，作为常设机构至少要满足三个基本条件：①必须有一个营业场所；②具有相对的固定性和永久性；③必须是企业用于进行全部或部分营业活动的场所。电子商务的出现使得非居民能够通过设在来源国服务器上的网址进行销售活动，此时该非居民拥有常设机构吗？另外，一旦由于某设备的存在而被认定为常设机构从而需纳税，该设备马上就会搬迁到境外，这时常设机构的固定性和永久性将失去限制意义，你对此如何理解？

第 8 章

电子商务交易安全保护

安全性是影响电子商务发展的关键。如何采取高效的安全措施保证电子商务顺利开展，解决电子商务中存在的一系列安全问题，已成为电子商务良好运作的基础。

8.1 电子商务安全

8.1.1 电子商务安全概述

电子商务是一个社会与技术相结合的综合性系统，其安全性是一个多层次、多方位的系统的概念。广义上讲，电子商务安全不仅与计算机系统结构有关，还与电子商务应用的环境、人员素质和社会因素有关，它包括电子商务系统的硬件安全、软件安全、运行安全及电子商务立法。

电子商务安全也可以分为两部分。一是计算机网络安全，二是商务交易安全。计算机网络安全的内容包括计算机网络设备安全、计算机网络系统安全、数据库安全等，其特征是针对计算机网络本身可能存在的安全问题，实施网络安全增强方案，以保证计算机网络自身的安全为目标。商务交易安全紧紧围绕传统商务在互联网络上应用时产生的各种安全问题，在计算机网络安全的基础上，保障电子交易和电子支付等电子商务的顺利进行，即实现电子商务的保密性、完整性、可鉴别性、不可伪造性和不可抵赖性等。从狭义上讲，电子商务安全是指电子商务信息的安全，主要包括信息的存储安全和信息的传输安全两个方面。

计算机网络安全与商务交易安全实际上是密不可分的，两者相辅相成，缺一不可。没有计算机网络安全作为基础，商务交易安全就像空中楼阁，无从谈起；没有商务交易安全为保障，即使计算机网络本身再安全，也达不到电子商务所特有的安全要求。

电子商务安全以网络安全为基础，但两者又是有区别的。首先，网络不可能绝对安全，在这种情况下，还需要运行安全的电子商务；其次，即使网络绝对安全，也不能保障电子商务的安全。电子商务除了基础要求之外，还有特殊要求。

电子商务安全是一个复杂的系统问题。电子商务安全立法与电子商务应用的环境、人员素质、社会因素有关，基本上不属于技术上的系统设计问题，而硬件安全是目前硬件技术水平能够解决的问题。鉴于现代计算机系统软件的庞大和复杂性，软件安全成为电子商务系统安全的关键问题。

电子商务安全从整体上可分为两大部分：网络安全和商务交易安全。网络安全的内容包括：网络设备安全、网络系统安全、数据库安全等。电子商务安全是以网络安全为基础的。电子商务安全与网络安全又是有区别的：首先，网络不可能绝对安全，在这种情况下，还需要运行安全的电子商务。其次，即使网络绝对安全，也不能保障电子商务的安全。

8.1.2　电子商务安全问题产生的原因

电子商务安全问题不仅仅是网络安全问题，还包括信息安全问题和交易过程安全问题。

1. 管理问题

大多数电子商务网站缺乏统一的管理，没有一个合理的评价标准。同时，安全管理也存在很大隐患，大多数网站易受黑客攻击，造成服务器瘫痪，使网站的信誉受到损害。

2. 技术问题

网络安全在世界上还没有形成一个完整的体系，虽然电子商务安全的产品数量不少，但真正通过认证的却非常少。安全技术的强度普遍不够，国外有关电子商务的安全技术，虽然整体来看其结构或加密技术都不错，但这种加密算法受到外国密码政策的限制，对其他国出口的安全技术往往强度不够。

3. 环境问题

社会环境对于电子商务发展带来的影响也不小，如社会法制建设不够，相关法律建设跟不上电子商务的发展等。

8.1.3　电子商务的安全性要求

1. 服务的有效性要求

电子商务系统应能防止服务失败情况的发生，预防由于网络故障和病毒发作等因素产生的系统停止服务等情况，保证交易数据能准确快速的传送。

2. 交易信息的保密性要求

电子商务系统应对用户所传送的信息进行有效的加密，防止信息被截取破译，同时要防止信息被越权访问。

3. 数据的完整性要求

数据完整性是指在数据处理过程中，原来数据和现行数据之间应保持完全一致。为了保障电子商务交易的严肃和公正，交易的文件是不能被修改的，否则必然会损害一方的商业利益。

4. 身份认证的要求

电子商务系统应提供安全有效的身份认证机制。确保交易双方的信息都是合法有效的，以备发生交易纠纷时提供法律依据。

8.1.4　电子商务的主要安全要素

1. 信息真实性、有效性

电子商务以电子形式取代了纸张，如何保证这种电子形式的贸易信息真实有效是开展电子商务的前提。电子商务作为贸易的一种形式，其信息的真实性和有效性将直接关系到个人、企业或国家的经济利益和声誉。

2. 信息机密性

电子商务作为贸易的一种手段，其信息直接代表着个人、企业或国家的商业机密。传统纸面贸易都是通过邮寄封装的信件或可靠的通信渠道发送商业报文，以达到保守机密的目的。电子商务是建立在一个较为开放的介质之上，商业防密是电子商务全面广泛应用的重要保障。

3. 信息完整性

电子商务简化了贸易过程，减少了人为的干预，同时也带来了维护商业信息完整统一的问题。由于数据输入时的意外差错或欺诈行为，可能导致贸易各方信息的差异。此外，数据传输过程中信息的丢失、信息的重复或信息传送的次序差异也会导致贸易各方信息的不同。因此，电子商务系统应充分保证数据传输、存储及电子商务完整性检查的正确和可靠。

4. 信息可靠性、不可否认性和可控性

可靠性要求即是能保证合法用户对信息和资源的使用不会被不正当的拒绝；不可否认性要求即是能建立有效的责任机制，防止实体否认其行为；可控性要求即是能控制使用资源的人或实体的使用方式。在传统的纸面贸易中，贸易双方通过在交易合同、契约或贸易单据等书面文件上手写签名或印章来鉴别贸易伙伴，确定合同、契约、单据的可靠性，并预防抵赖行为的发生。

5. 交易审查能力

依据在交易过程中信息传输机密性和完整性的要求，电子商务系统应对数据审查的结

果进行记录。在无纸化的电子商务方式下，通过手写签名和印章进行贸易方的鉴别已是不可能的。因此，要在交易信息的传输过程中为参与交易的个人、企业或国家提供可靠的标识。在网络上每个人都是匿名的，电子商务系统应充分保证原发方在发送数据后不能抵赖，接收方在接收数据后也不能抵赖。

8.2 我国电子商务交易安全保护方面的法律法规

在现代社会的各个环节中，商品的交换扮演了非常重要的角色。相对于生产、分配及消费而言，交换体现了动态的效益价值。而交换秩序则是实现交换价值的基本前提。这种基本前提在法律上就表现为对交易安全的保护。交易安全较之静态的财产安全，在法律上亦体现了更丰富的自由、争议、效益与秩序的价值元素。

8.2.1 我国电子商务交易安全法律法规

我国法律对交易安全的研究起步较晚，且长期以来注重对财产静态权属关系的确认和静态的安全保护，未能反映现代市场经济交易频繁、活泼、迅速的特点。虽然下面所述法律制度体现了部分交易安全的思想，但大都没有明确的交易安全规定，在司法实践中也没有按照这些制度执行。例如，原《民法通则》第六十六条规定的："本人知道他人以本人名义实施民事行为而不作否认表示的，视为同意"，体现了交易安全中表见代理的思想，但却没有形成一套清晰的表见代理制度。这在 2021 年 1 月 1 日施行的《民法典》中进行了比较重要的修订。《民法典》第一编总则，第七章代理，第二节委托代理，第一百七十一条规定："行为人没有代理权、超越代理权或者代理权终止后，仍然实施代理行为，未经被代理人追认的，对被代理人不发生效力。相对人可以催告被代理人自收到通知之日起三十日内予以追认。被代理人未作表示的，视为拒绝追认。行为人实施的行为被追认前，善意相对人有撤销的权利。撤销应当以通知的方式做出。行为人实施的行为未被追认的，善意相对人有权请求行为人履行债务或者就其受到的损害请求行为人赔偿。但是，赔偿的范围不得超过被代理人追认时相对人所能获得的利益。相对人知道或者应当知道行为人无权代理的，相对人和行为人按照各自的过错承担责任。"本条是关于无权代理及其法律后果的规定，很好地修订了原《民法通则》第六十六条规定中的缺陷。

我国现行的涉及交易安全的法律法规主要有以下四类：

（1）综合性法律

主要是《民法典》和《刑法》中有关保护交易安全的条文。

（2）规范交易主体的有关法律

如《中华人民共和国公司法》《中华人民共和国企业国有资产法》《中华人民共和国

合伙企业法》《中华人民共和国个体私营企业法》《中华人民共和国外资企业法》等。

（3）规范交易行为的有关法律

包括《中华人民共和国产品质量法》《中华人民共和国价格法》《中华人民共和国消费者权益保护法》《中华人民共和国广告法》《中华人民共和国反不正当竞争法》等。

（4）监督交易行为有关的法律

如《中华人民共和国会计法》《中华人民共和国审计法》《中华人民共和国票据法》等。

8.2.2　我国涉及计算机安全方面的法律法规

1988 年 9 月 5 日第七届全国人民代表大会常务委员会第三次会议通过、2010 年 4 月 29 日第十一届全国人民代表大会常务委员会第十四次会议修订的《中华人民共和国保守国家秘密法》，第二十三条规定：“存储、处理国家秘密的计算机信息系统（以下简称涉密信息系统）按照涉密程度实行分级保护。涉密信息系统应当按照国家保密标准配备保密设施、设备。保密设施、设备应当与涉密信息系统同步规划，同步建设，同步运行。涉密信息系统应当按照规定，经检查合格后，方可投入使用。”

1994 年 2 月 18 日，我国颁布了《中华人民共和国计算机信息系统安全保护条例》（以下简称《计算机信息系统安全保护条例》，2011 年 1 月修订），这是我国第一个计算机安全法规，是我国计算机安全工作的总纲领。它标志着我国计算机信息系统的安全治理走上了规范化、法制化的轨道。《计算机信息系统安全保护条例》不仅明确规定了计算机信息系统的建设和应用应当遵守的法律、行政法规和国家其他有关规定，而且具体规定了计算机信息系统安全保护的八项具体制度，使我国计算机信息系统的安全保护更加规范化、具体化。

（1）计算机信息系统安全等级保护制度

《计算机信息系统安全保护条例》第九条指出：“计算机信息系统实行安全等级保护。安全等级的划分标准和安全等级保护的具体办法，由公安部会同有关部门制定。”将计算机信息系统的安全划分为不同的等级，目的在于对计算机信息系统进行“恰如其分”的保护。所谓恰如其分，就是指对计算机信息系统的安全保护，在人力、物力和财力等方面，按其安全等级的实际需要和必要，进行针对性的适当投入。计算机信息系统的安全保护措施，必将随其安全等级不同有明显的差别。可以认为，没有规范的安全等级划分，就难以实施恰当、有效的计算机信息系统安全保护。

（2）计算机机房安全管理制度

计算机机房是安装计算机信息系统主体的关键场所，尤其在供电、信息的干扰和泄露等方面，是计算机信息系统安全保护工作的重点之一。对计算机机房的技术条件及设计、施工和验收，我国制定了一系列的标准，对计算机机房的场地及环境条件也提出了完整的安全要求。《计算机信息系统安全保护条例》第十条明确规定："计算机机房应当符合国家标准和国家有关规定。在计算机机房附近施工，不得危害计算机信息系统的安全。"

在该条例中，不仅对计算机机房的所在单位提出了要求，对其相邻单位的施工也规定了必须遵守的行为规范，也就是负有不得危害相邻单位计算机信息系统安全的责任和义务。这类施工单位应当主动接受管理计算机信息系统安全的公安机关和城建、规划部门的指导和协调，在维护计算机信息系统安全的大前提下，齐心协力、出谋划策，做好计算机信息系统的安全保护工作。

（3）计算机信息系统国际联网备案制度

《计算机信息系统安全保护条例》第十一条规定："进行国际联网的计算机信息系统，由计算机信息系统的使用单位报省级以上人民政府公安机关备案。"计算机信息系统国际联网备案制度是保障联网单位信息系统安全的首要措施，是保障跨越国境数据流安全的强有力手段。目前，许多发展中国家和发达国家对跨越国境数据流都有相应的规定。

计算机信息系统国际联网备案仅是一种手段，而不是目的。1997年12月16日以公安部33号令发布的、经国务院批准的《计算机信息网络国际联网安全保护管理办法》（2011年1月修订）明确规定："公安机关计算机管理监察机构应当掌握互联单位、接入单位和用户的备案情况，建立备案档案，进行备案统计，并按照国家有关规定逐级上报。"公安机关依此做好国际联网的安全保护管理工作。

（4）计算机信息媒体进出境申报制度

《计算机信息系统安全保护条例》第十二条规定："运输、携带、邮寄计算机信息媒体进出境的，应当如实向海关申报。"这是坚持改革开放，保护我国政治、经济秘密的一项有力措施，是行使国家主权的一个重要方面。

作为重要信息载体的计算机信息媒体的使用已经越来越普遍，记录的信息容量也越来越大，并且携带方便。向海关如实申报进出境的计算机信息媒体，是维护我国信息安全的基本性工作，计算机信息媒体进出境单位、海关和公安机关计算机管理监察部门应当共同负起安全管理的责任。

（5）计算机信息系统使用单位安全负责制度

《计算机信息系统安全保护条例》第十三条规定："计算机信息系统的使用单位应当建立健全安全管理制度，负责本单位计算机信息系统的安全保护工作。"计算机信息系统各不相同，使用的安全技术、安全管理手段也是千差万别。将计算机信息系统的安全责任放到各单位、各部门，有利于各个使用单位按照《计算机信息系统安全保护条例》的规定，高度重视计算机信息系统的安全保护工作，认真落实计算机信息系统的安全责任制，自觉做好计算机安全保护工作。公安机关计算机管理监察部门应检查、指导各使用单位作好计算机安全保护工作。

（6）计算机案件强行报告制度

《计算机信息系统安全保护条例》第十四条规定："对计算机信息系统中发生的案件，有关使用单位应当在 24 小时内向当地县级以上人民政府公安机关报告。"查处危害计算机信息系统安全的违法犯罪，是各地公安机关的职责。计算机案件 24 小时强行报告制度，是迅速及时地侦察计算机犯罪案件的重要保障。

计算机案件强行报告制度是吸取了国外的经验教训而制定的。根据国外几十年对付计算机犯罪的经验，计算机犯罪与传统的盗窃、抢劫等犯罪行为相比，有更大的隐蔽性，不易觉察、不易侦察，只有迅速报案才能有利于保护现场、查找线索。只有报告每一起案件，才有利于归纳分析每一时期的计算机犯罪的特点，从而有针对性地采取预先防范和及时打击的措施。计算机信息系统的应用十分广泛，所发生的计算机安全事件更是多种多样。有的使用单位认为只有计算机案件才需要报告，这是非常错误的。一旦发现问题一定要先报告，至于是否为计算机案件，应如何处理，就由国家政法部门做出判断。

（7）计算机病毒及其有害数据的专管制度

《计算机信息系统安全保护条例》第十五条规定："对计算机病毒和危害社会公共安全的其他有害数据的防治研究工作，由公安部归口管理。"计算机病毒和危害社会公共安全的其他有害数据要由公安部归口管理。这是由于计算机病毒所破坏的是计算机信息系统健康的"肌体"，有害数据则是含有攻击人民民主专政、社会主义制度、攻击党和国家领导人、破坏民族团结等危害国家安全的内容，含有宣传封建迷信、淫秽色情、凶杀、教唆犯罪等社会治安的内容，或者是危害计算机信息系统运行和功能发挥及其应用软件、数据的完整性、可用性和保密性，以及用于违法活动的包括计算机病毒在内的计算机程序。所以，只有建立一个强有力的专管制度，由国家专门机关负责实施，才能确保计算机信息系统的安全。

（8）计算机信息系统安全专用产品销售许可制度

《计算机信息系统安全保护条例》第十六条规定："国家对计算机信息系统安全专用产品的销售实行许可证制度。具体办法由公安部会同有关部门制定。"计算机信息系统安全专用产品是用来保护计算机信息系统安全的专用硬件和软件产品，如网络防火墙、防病毒软件等。计算机信息系统安全专用产品的技术性、时效性非常强，且关系到整个计算机信息系统的可靠性问题。因此，实行许可证销售，有利于加强安全专用产品的管理，确保这些专用产品本身具有可信、可靠的安全功能；有利于保护国家的主权和安全；有利于保证整个信息社会的正常运转。

1996 年 3 月 14 日，原国家新闻出版总署发布了《电子出版物管理暂行规定》，加强包括软盘（FD）、只读盘（CD-ROM）、交互式光盘（CD-I）、图文光盘（CD-G）、照片光盘（Photo-CD）、集成电路卡（IC-Card）和其他媒体形态的电子出版物的保护。

我国 1997 年 10 月 1 日起实行的《刑法》（2020 年 12 月 26 日十三届全国人大常委会第二十四次会议表决通过、公布《中华人民共和国刑法修正案（十一）》，自 2021 年 3 月 1 日起施行。），第一次增加了计算机犯罪的罪名，包括非法侵入计算机信息系统罪，破坏计算机信息系统罪，非法获取计算机信息系统数据、非法控制计算机信息系统罪，提供侵入、非法控制计算机信息系统程序、工具罪等。这表明我国计算机的法制管理正在步入一个新阶段，并开始和世界接轨，计算机法的时代已经到来。

8.2.3 我国涉及计算机网络安全方面的行政法规

针对国际互联网的迅速普及，为保障国际计算机信息交流的健康发展，1996 年 2 月 1 日国务院令第 195 号发布了《中华人民共和国计算机信息网络国际联网管理暂行规定》，提出了对国际联网进行统筹规划、统一标准、分级管理、促进发展的原则。1997 年 5 月 20 日，国务院对这一规定进行修改，设立了国际联网的主管部门，增加了经营许可证制度，并重新发布。1997 年 6 月 3 日，原国务院信息化工作领导小组在北京主持召开了"中国互联网络信息中心（CNNIC）成立"，并发布了《中国互联网络域名注册暂行管理办法》和《中国互联网络域名注册实施细则》。中国互联网络信息中心将负责我国境内的互联网络域名注册、IP 地址分配、自治系统号分配、反向域名登记等注册服务；协助原国务院信息化工作领导小组制定我国互联网络的发展、方针、政策，实施对中国互联网络的管理。1997 年 12 月 8 日，原国务院信息化工作领导小组根据《中华人民共和国计算机信息网络国际联网管理暂行规定》，制定了《中华人民共和国计算机信息网络国际联网管理暂行规定实施办法》，详细规定了国际互联网管理的具体办法。与此同时，公安部颁布了《计算机信息网络国际联网安全保护管理办法》，旨在通过明确安全责任，严把信息出入关口、设立监测点等方式，加强对国际互联网络使用的监督和管理。

1. 加强国际互联网出入信道的管理

根据《中华人民共和国计算机信息网络国际联网管理暂行规定》，我国境内的计算机互联网必须使用国家公用电信网提供的国际出入信道进行国际联网。任何单位和个人不得自行建立或者使用其他信道进行国际联网。除国际通信出入口局作为国家总关口外，原邮电部还将中国公用计算机互联网划分为全国骨干网和各省、市、自治区接入网进行分层管理，以便对入网信息进行有效的过滤、隔离和监测。

2. 市场准入制度

《中华人民共和国计算机信息网络国际联网管理暂行规定》规定从事国际互联网经营活动和从事非经营活动的接入单位必须具备以下条件：

1）是依法设立的企业法人代表或者事业法人。

2）具备相应的计算机信息网络、装备以及相应技术人员和管理人员。

3）具备健全的安全保密管理制度和技术保护措施。

4）符合法律和国务院规定的其他条件。

《中华人民共和国计算机信息系统安全保护条例》规定，进行国际联网的计算机信息系统，由计算机信息系统的使用单位报省级以上的人民政府公安机关备案。

3. 安全责任

从事国际互联网业务的单位和个人，应当遵守国家有关法律、行政法规，严格执行安全保密制度，不得利用国际互联网从事危害国家安全、泄露国家秘密等违法犯罪活动，不得制作、查阅、复制和传播妨碍社会治安的信息和淫秽色情等信息。

计算机网络系统运行管理部门必须设有安全组织或安全负责人，其基本职责包括：①保障本部门计算机网络的安全运行；②制定安全管理的方案和规章制度；③定期检察安全规章制度的执行情况，负责系统工作人员的安全教育和管理；④收集安全记录，及时发现薄弱环节并提出改进措施；⑤向安全监督机关和上一级主管部门报告本系统的安全情况。

每个工作站和每个终端都要建立和健全网络操作的各项制度，加强对内部操作人员的安全教育和监督，严格网络工作人员的操作职责，加强密码、口令和授权的管理，及时更换有关密码、口令；重视软件和数据库的管理及维护工作，加强对磁盘文件和软盘的发放和保管，禁止在网上使用非法软件、软盘。

网络用户也应提高安全意识，注意保守秘密，并应经常对自己的资金、文件、情报等机要事宜进行检查，杜绝漏洞。

网络系统安全保障是一个复杂的系统工程，它涉及诸多方面，包括技术、设备、各类人员、管理制度、法律调整等，需要在网络硬件及环境、软件和数据、国际通信等不同层次上实施一系列不尽相同的保护措施。只有将技术保障措施和法律保障措施密切结合起来，才能实现安全性，保证我国计算机网络的健康发展。

本 章 小 结

本章主要介绍了电子商务交易安全保护。首先介绍了电子商务安全，包括电子商务安全问题产生的原因、电子商务的主要安全要素等；然后详细介绍了我国电子商务交易安全保护方面的法律法规。

课后练习

思考题

1. 我国涉及计算机安全方面的法律法规有哪些？

2. 我国涉及计算机网络安全方面的行政法规有哪些？

3. 我国电子商务交易安全主要面临哪些问题？

9.1 电子商务的民事责任

9.1.1 《民法典》在电子商务中的适用

自 2021 年 1 月 1 日起施行的《民法典》是一部"社会生活的百科全书",是"人民民事权利的保护法典",民法典开创了我国法典编纂立法的先河,具有里程碑意义。《民法典》第一条规定:"为了保护民事主体的合法权益,调整民事关系,维护社会和经济秩序,适应中国特色社会主义发展要求,弘扬社会主义核心价值观,根据宪法,制定本法。"第二条规定:"民法调整平等主体的自然人、法人和非法人组织之间的人身关系和财产关系。"

当前我国电子商务发展规模巨大,势头强劲,企业或个人在电子商务活动过程中的各种行为,可通过《电子商务法》和《民法典》中的相关内容来约束。

1.《民法典》概述

（1）民事责任

《民法典》第一编第八章民事责任,其中第一百七十六条规定:"民事主体依照法律规定或者按照当事人约定,履行民事义务,承担民事责任。"第一百七十七条规定:"二人以上依法承担按份责任,能够确定责任大小的,各自承担相应的责任;难以确定责任大小的,平均承担责任。"第一百七十八条规定:"二人以上依法承担连带责任的,权利人有权请求部分或者全部连带责任人承担责任。连带责任人的责任份额根据各自责任大小确定;难以确定责任大小的,平均承担责任。实际承担责任超过自己责任份额的连带责任人,有权向其他连带责任人追偿。连带责任,由法律规定或者当事人约定。"

违反义务则应依法承担责任,首先意味着民事责任主体必须是违反义务者。不履行或不完全履行义务,妨碍了相对方权利实现的人,都是违反义务者,都可能是责任主体。但同时意味着违反义务者不必然是责任主体,法律可以就违反义务者是否承担责任另行作出规定。

1）关于替代责任的规定。尽管现代民主社会通行责任自负原则，但违反义务者却未必是责任主体，其应否或能否承担民事责任，则需要通过确认其是否为法律责任主体来最终确定。替代责任有其存在价值，如雇员在从事雇佣活动中致人损害的，雇主应当承担赔偿责任。无民事行为能力人、限制民事行为能力人造成他人损害的，由监护人承担侵权责任。监护人尽到监护责任的，可以减轻其侵权责任。

2）关于归责原则的规定。尽管确认民事主体是否是违反义务者，不必考察其主观心态，故意或过失不是违反义务的要素，唯须注意的是，依照其他法律，故意和过失依然可以成为确定民事责任的要素，本条也为这种认定预留了空间。根据《民法典》第一千一百六十五条规定："行为人因过错侵害他人民事权益造成损害的，应当承担侵权责任。依照法律规定推定行为人有过错，其不能证明自己没有过错的，应当承担侵权责任。"

3）关于免责事由的规定。"法律不强人所难"，通常情况下，法律向行为人归责，以行为人自己能够控制不实施违反规范的行为为前提。一个人为了能够对自己的行为承担道德责任，他就必须（在到达那个行为的某个相关点上）具有某种类型的可供取舍的可能性，这是一个基本的、广泛的假设。这个基本观念被概括在"可供取舍的可能性原则"中，它的各种版本都要求道德责任要伴随着可供取舍的可能性的出现。

责任非难，以行为人在行为当时具有适法行为的期待可能性（他行为可能性）为基础。亦即缺乏期待可能性，就没有非难可能性。在社会生活中的特定情形下，具有行为能力的行为人即使能够或应该认识到其行为不适法，构成民事义务的不履行或不完全履行，却依然不能期待其履行义务，此时就不应向行为人归责。

基于此，《民法典》规定了不可抗力、紧急避险等免责事由，以阻却行为人可能承担的责任。

（2）承担民事责任的方式

《民法典》第一百七十九条规定承担民事责任的方式主要有停止侵害；排除妨碍；消除危险；返还财产；恢复原状；修理、重作、更换；继续履行；赔偿损失；支付违约金；消除影响、恢复名誉；赔礼道歉等十一种。

2.《民法典》在电子商务中的适用

电子商务作为一种全新的商务形态，与传统的交易过程有许多不同的地方，但电子商务活动中所发生的各种社会关系主要表现为商业活动所普遍存在的共有的社会关系，其中也有一部分电子商务特有的社会关系。无论从其共有的社会关系还是特有的社会关系来讲，并没有改变商务活动的基本属性，仍然属于商务活动的范畴。所以电子商务的过程中出现民事违法行为，侵犯国家、法人和个人的合法权益，需追究民事责任时，其归责原则仍适用《民法典》的一般规定。电子商务毕竟不同于传统的商务活动，其特殊性又决定了《民法典》的一般规定不能完全适用，这就需要法律做出适当的调整，以适应高科技的发展。

电子商务是一个具有巨大潜力的市场，给世界经济带来了新的生机，同时也给现存的法律体系提出了严峻的考验。它的交易过程在一个完全虚拟的空间中实现，使得现有法律无所适从。各国政府在积极推出新的法律条文的同时也正不断在原有的法律体系上做出修改，使得现有法律能更好地在当前的经济发展中发挥作用。

9.1.2　电子商务中的民事违法行为

电子商务中的侵权行为是指参与电子商务的行为人过错侵害了他人财产权、人身权等合法权益，依法应当承担民事责任的行为，以及没有过错但依法应当承担民事责任的行为。电子商务中的侵权行为与一般的侵权行为有其相似之处。其特殊之处在于电子商务中的侵权行为是指在参与电子商务活动的过程中，行为人对国家、集体、他人合法权益的侵犯，其所使用的方式、方法、手段有别于一般的侵权行为。电子商务中常见的侵权行为有以下几点。

（1）对隐私权的侵犯

公民依法享有隐私权是指公民依法享有拒绝、排斥任何未经法律批准的监视、窥探和防止个人生活秘密、个人信息、个人数据被披露的权利。在法律许可范围内，公民按照自己的意志和利益进行行动和思维，享有保持其个人风格尊严不受侵犯的权利。侵犯公民隐私权的表现形式主要有对通信自由权的侵犯、破坏个人数据资料的安全、扰乱个人生活的安宁等。

由于互联网的特性，互联网上的信息是自由、公开传播的，这使得一些个人信息很容易被别人知道和截获。一些别有用心的人可能就会恶意的把这些有关个人隐私的信息散布到互联网上，暴露他人隐私，侵犯他人权利。目前在互联网上的侵权行为非常普遍，以至于在互联网上没有人敢留下真实的个人资料，这种情况如果继续发展下去势必会影响到整个电子商务的发展。

在互联网上常见的侵权行为有：

1）非法进入他人计算机系统。在网络上，用户的每一台计算机象征着每一个公民的住所，在没有得到用户许可的情况下侵入其计算机是犯法的，犹如擅闯民宅。

2）未经许可截取、浏览、持有他人电子邮件。电子邮件如普通信件一样是公民的私有信件，未经允许，任何截取、浏览、持有他人信件的行为即属违法行为。

3）未经许可披露个人数据或将数据挪作他用。在网络上，用户不可避免地要留有个人信息或数据，如个人注册信息、电话号码、电子邮件等。每个有电子邮箱的人都有过收到陌生电子邮件时，对对方如何知道自己的电子邮箱地址的疑问。

4）非法截取、获得个人数据资料。现今，一些所谓的黑客通过一些黑客程序，在网上监听和截获网络用户的个人数据资料的现象十分普遍，这给网络用户带来了很大的伤害。

（2）对著作权的侵权

由于网上信息的共享性，传统的文字或图像视频作品经数字化后，可随意在网上传播，供用户浏览、下载。数字化的作品使用极其方便，修改也具有极大的灵活性和随意性，所以很多受著作权保护的作品和信息都面临着侵权的危险，这些受著作权保护的作品，信息被他人擅自修改、复制、删除、更换、破坏、截取都是轻而易举的事，使得著作权人的署名权、修改权、保护作品完整权等人身权及财产权很难得到有力的保护。

《著作权法》是1990年制定的，2020年第三次修订，《著作权法实施条例》于2002年发布，2013年第二次修订。根据《著作权法实施条例》第二条的规定，作品是指文学、艺术和科学领域内具有独创性并能以某种有形形式复制的智力成果。由于当时尚未提出电子商务和作品的数字化问题，使得现今网络上的盗版、侵犯著作权的现象十分猖獗。其实根据《著作权法》的定义，《著作权法》保护的是作者的智力创造结果，并未规定其表现形式，因此在电子商务中或网络上对著作权的侵犯和传统领域对著作权的侵犯没有任何本质区别。《计算机软件保护条例》第二十三条规定了6种侵犯软件著作权行为；《著作权法》第五十二条规定了11种侵害著作权的行为。

在网络上侵犯著作权的表现形式主要有以下几种：

1）未经作者允许将网上具有著作权的作品，擅自下载发表在传统媒体上。这类现象在当今的互联网上已相当普遍。

2）未经作者允许将网上具有著作权的作品，仅作稍微修改或原篇不动地发布在其他网站上，使得网络用户在上网时在不同的网站看到的信息都有似曾相识的感觉。

3）未经作者允许将传统媒体上具有著作权的作品，发布到网络上。

往往这三种侵权行为交织在一起，使得网络用户和传统用户甚至都搞不清到底哪个才是真正的原著。可见电子商务上的侵犯著作权的行为到了何等的程度。

（3）对域名与商标的侵权

电子商务的一个重要组成部分就是电子商务网站，电子商务网站的唯一标志就是网址。网址又称为域名，是主机连接到互联网上的地址。在网络营销中，对于电子商务域名的推广是一项最为关键的内容，因此从某种意义上来说，电子商务中企业网站域名的地位等同于传统的品牌地位。

域名与商标冲突的一种主要表现形式是，有些人将他人具有一定知名度的商标、商号等标识恶意抢先注册为域名。如一些企业和个人把一些传统市场上的驰名商标或老字号抢先注册为域名以期转让时卖以高价。针对这种恶意抢注的行为，国家除了有关驰名商标的法律保护规定之外，《反不正当竞争法》是处理和制裁抢注行为的主要法律依据。借助域名实施的侵权行为主要有两种：一种是盗用商标做域名，假冒权利人；另一种是盗用商标做域名，诋毁权利人。因为现在对于有些人注册和知名域名相近的行为是否构成侵权在法律上还没有定论，所以一些企业出于保护自己企业域名的目的，把一些与自己域名相关或相近的域名也一并注册了。如海尔公司在注册本企业对外域名时，还分别注册了与此域名相近的 5 个域名，以达到保护企业形象的目的。

（4）其他侵权形式

除了上述的侵权形式之外，还有对公民的姓名权、肖像权、名誉权、荣誉权等的侵害和对法人名称权、名誉权、荣誉权的侵害。这些权利侵害所造成的直接后果是使受害人的名声、信誉、地位受到攻击或处于其他不利状态，使其生活的社会环境对其不利，从而引起精神上的痛苦乃至财产上的损失。例如，有些网站为了能吸引网络用户访问，把一些社会名人的名字作为自己的域名，在 2004 年的雅典奥运会期间就多次传出利用我国奥运健儿的姓名注册域名的新闻报道，这其实就构成了对公民姓名权的侵犯。美国曾有一位女影视明星和一个网站就公民姓名权对簿公堂。

《民法典》第一千零一十二条规定："自然人享有姓名权，有权依法决定、使用、变更或者许可他人使用自己的姓名，但是不得违背公序良俗。"

《中华人民共和国计算机信息网络国际联网管理暂行规定实施办法》第十八条规定："用户应当服从接入单位的管理，遵守用户守则；不得擅自进入未经许可的计算机系统，篡改他人信息；不得在网络上散发恶意信息，冒用他人名义发出信息，侵犯他人隐私；不得制造、传播计算机病毒及从事其它侵犯网络和他人合法权益的活动。"《反不正当竞争法》第十一条规定："经营者不得编造、传播虚假信息或者误导性信息，损害竞争对手的商业信誉、商品声誉。"

9.1.3　电子商务中的民事责任分类

1. 电子商务中的侵权责任

《民法典》第一千一百六十五条规定："行为人因过错侵害他人民事权益造成损害的，应当承担侵权责任。依照法律规定推定行为人有过错，其不能证明自己没有过错的，应当承担侵权责任。"第一千一百六十六条规定："行为人造成他人民事权益损害，不论行为人有无过错，法律规定应当承担侵权责任的，依照其规定。"

（1）电子商务侵权民事责任的归责原则

《民法典》确定的侵权责任归责原则包括过错责任原则、无过错责任原则和公平责任原则。过错责任原则还可以划分为一般过错责任原则和过错推定原则。《民法典》第一千一百九十四条规定："网络用户、网络服务提供者利用网络侵害他人民事权益的，应当承担侵权责任。法律另有规定的，依照其规定。"第一千一百九十七条规定："网络服务提供者知道或者应当知道网络用户利用其网络服务侵害他人民事权益，未采取必要措施的，与该网络用户承担连带责任。"第一千一百九十五条第二款规定："网络服务提供者接到通知后，应当及时将该通知转送相关网络用户，并根据构成侵权的初步证据和服务类型采取必要措施；未及时采取必要措施的，对损害的扩大部分与该网络用户承担连带责任。"第一千一百九十五条第三款规定："权利人因错误通知造成网络用户或者网络服务提供者损害的，应当承担侵权责任。法律另有规定的，依照其规定。"

（2）承担电子商务侵权责任主要形式

根据行为人是否达到《民法典》规定的构成要件和违法行为与损害事实之间的因果关系及实际损失的大小，行为人承担民事侵权责任的形式大致有以下几种主要方式：

1）停止伤害。电子商务中的行为人实施侵害他人财产和人身的行为仍在继续中，受害人可以依法请求法院责令侵害人停止其侵害行为。任何正在实施不法侵害的行为人都应立即停止其侵害行为。这种责任形式可以及时制止侵权行为，防止扩大侵害后果，避免再给受害人增加损失。

2）排除妨碍。不法行为人实施的侵害行为使受害人无法行使或不能正常行使自己的财产权利、人身权利，受害人有权请求排除妨碍。适用这种责任形式时应注意：①妨碍行为必须是不正当的。②妨碍既可以是实际存在的，也可以是可能出现的。③妨碍是权利人行使权利的障碍，只要不法行为人妨碍他人行使物权、人身权和知识产权，受害人均可请求排除妨碍。

3）消除危险。电子商务侵权行为人的行为对他人的人身和财产安全造成威胁，或存在侵害他人人身或财产的行为的，他人有权要求行为人采取有效措施消除危险。

4）返还财产。《民法典》第一百二十二条规定："因他人没有法律根据，取得不当利益，受损失的人有权请求其返还不当利益。"

返还财产责任因不法行为人非法占有财产而产生，非法占有指无法律和合同的根据而占有他人的财产。例如，由于银行计算机系统出了问题，使客户在自动取款机上取钱时取出双倍的现金，银行有权要求储户返还自动取款机多"吐"出的现金。

5）赔偿损失。赔偿损失是侵权责任中最基本的责任形式，也是因侵权行为而产生的债务关系，法律允许受害人作为请求权人向加害人提出赔偿请求，以有效地保护受害人的利益。电子商务行为人因侵权行为给他人造成损失的，应以其财产赔偿受害人所受的损失。这对规范电子商务行为，消除违法行为的后果，维护电子商务秩序，促进电子商务的发展具有极为重要的意义。

6）消除影响，恢复名誉。消除影响是指在电子商务活动中行为人因其违法行为使公民或法人的人格权受到侵犯所应承担的在影响所及的范围内消除不良后果；恢复名誉是指在电子商务活动中行为人因其行为侵害了公民或法人的名誉，应在影响所及的范围内恢复所受害人的名誉至未受侵害时的形态。消除影响、恢复名誉是侵犯公民、法人的人身权所承担的责任形式。

7）赔礼道歉。赔礼道歉是指违反电子商务法的侵权行为人向受害人承认错误、表示歉意以求得受害人的原谅。采用这种责任形式既可以用口头方式，也可以用书面方式。这里的书面道歉可以在网上，也可以在报刊上，还可以张贴于有关场所或者以信件方式转交受害人。赔礼道歉作为违反电子商务法的一种承担民事责任的方式，与一般道义上的赔礼道歉不同，它是靠国家强制力保证实施的。

（3）电子商务法关于民事责任的规定

《电子商务法》第七十四条规定："电子商务经营者销售商品或者提供服务，不履行合同义务或者履行合同义务不符合约定，或者造成他人损害的，依法承担民事责任。"

2. 电子商务中的合同责任

（1）电子商务合同责任的含义

合同责任即违反合同的民事责任，也称违约责任，是民事责任的一种，在合同关系中居于十分重要的地位，具有保障合同债权，维护社会经济秩序的作用。合同责任指的是当事人违反合同规定，依法或依约所应承担的民事责任。

《民法典》第五百七十七条规定："当事人一方不履行合同义务或者履行合同义务不符合约定的，应当承担继续履行、采取补救措施或者赔偿损失等违约责任。"第五百八十一条规定："当事人一方不履行债务或者履行债务不符合约定，根据债务的性质不得强制履行的，对方可以请求其负担由第三人替代履行的费用。"电子商务的合同责任是指参与电子商务的当事人不履行合同义务或者履行合同义务不符合约定的条件时所应承担的民事责任。

（2）承担电子商务合同责任的形式

1）违约金。违约金是指电子合同当事人违反合同，依照当事人约定向对方支付一定数额金钱的责任形式。《民法典》第五百八十五条规定："当事人可以约定一方违约时应当根据违约情况向对方支付一定数额的违约金，也可以约定因违约产生的损失赔偿额的计算方法。"违约金的性质是补偿性的，它只在双方有约定的前提下才有效。

2）强制实际履行，也称为依约履行、继续履行。根据《民法典》第五百八十条规定："当事人一方不履行非金钱债务或者履行非金钱债务不符合约定的，对方可以请求履行。"电子合同的一方当事人如出现违约行为，另一方当事人就可以请求法院或仲裁机构做出要求违约方实际履行的判决，强迫合同违约方履行合同义务。

3）赔偿损失。赔偿损失是指由于电子商务合同一方当事人不履行或不适当履行合同义务而给对方当事人造成财产损失时，违约方对当事人所做的经济补偿。在我国，赔偿损失具有明显的补偿性，它是对另一方实际损失的补偿，相对于西方国家的惩罚性赔偿来说，对合同违约方的约束力不是很强。

（3）电子商务法关于合同责任的规定

《电子商务法》第七十四条规定："电子商务经营者销售商品或者提供服务，不履行合同义务或者履行合同义务不符合约定，或者造成他人损害的，依法承担民事责任。"

9.2 电子商务的刑事责任

9.2.1 刑法在电子商务中的适用

互联网自从 20 世纪 90 年代进入我国以来，发展十分迅速，是国内的朝阳行业之一，电子商务的高速发展甚至被誉为网络经济时代到来的标志。但是在电子商务的光环背后暴露出的问题也越来越受到人们的关注。其中电子商务中的犯罪问题越来越突出，而现行法律适用也急需改进。

1. 现行刑法的适用空白

关于电子商务领域的犯罪行为，虽然在我国修订后的《刑法》中对涉及计算机的犯罪行为做出了一些规定，可是仍面临一些问题。例如，《刑法》涵盖面比较窄，有的案件虽然发生了，但不满足《刑法》所规定的犯罪要件；《刑法》中对于犯罪和罪状的表述偏重于传统犯罪方面，使得电子商务中的一些描述不够准确，这就使在量刑定罪时很难把握准确度。

2. 现行刑法适用的"盲区"

现在网络上的著作权问题十分突出，网络盗版十分猖獗。虽然造成的原因有很多，但是网络上的非法截获、复制数据商品的犯罪，没有在《刑法》中涵盖，这就难以追究这些严重危害电子商务发展的行为的刑事责任。

另外，网络税收问题没有明确在现行法律中提出，使得现在很多企业多了一条"合理避税"的途径，导致国家的税收严重流失，给国家的发展带来了不良影响。电子商务中的偷逃税问题已成为当前世界各国政府面临的一个极为紧迫的现实问题。

3. 现行刑法规定中与计算机相关的犯罪罪名较少

将传统犯罪的规定适用于新型犯罪，无论就犯罪表述上还是罪名上都显牵强，既不能体现《刑法》确定的罪刑法定原则，又与实现惩罚、预防犯罪目标相距甚远。新罪名必须改变在以计算机为载体的犯罪中，犯罪客体复杂难以实际操作的问题，使新的犯罪规定具有较强的现实性和操作性。新罪名的确定还可使电子商务中相对传统的犯罪从传统犯罪的规定中分离出来，归纳出新的罪名，使传统犯罪与新型犯罪名有其属，避免造成不当适用的问题。

9.2.2　电子商务中的刑事违法行为

电子商务的发展虽然很快，但还处于起步阶段，很多方面还不成熟，许多问题还应该去深入探讨。近年来网络上的安全形势也越来越不乐观，特别是网络犯罪问题越来越突出，严重影响了电子商务的健康发展，也使人们越来越不敢轻信于网络，这与现行法律的相对滞后有一定关系。可以把当前电子商务中的犯罪行为特征归纳为以下三个方面。

1. 电子商务领域中的计算机犯罪

这类犯罪包括突破计算机安全系统从获取电子商务企业商业机密，或在电子商务企业的计算机上植入病毒导致系统崩溃或不能正常运行，致使其商业信誉受损或直接带来经济损失。

（1）破坏计算机信息系统功能的犯罪行为

《中华人民共和国计算机信息系统安全保护条例》规定了计算机信息系统的安全保护制度，其目的就是禁止任何人对计算信息系统进行不法侵害，从而保证社会管理秩序的正常、有序。破坏计算机信息系统一般有两种方式：一种是对计算机硬件的破坏；另一种是对计算机软件的破坏，也叫软破坏。《刑法》规定对于用软破坏方法破坏计算信息系统功能的，也应认定为破坏计算机信息系统功能的犯罪。

（2）破坏计算机系统数据和应用程序的犯罪行为

网络上所有的信息资源都以数据形式存在。无论是国防机密还是个人隐私信息，在传统领域都是受法律保护的对象，任何对其的侵犯行为都是违法的。同样，在互联网上数据也是法律保护的对象。应用程序的实现最终也是通过数据。所谓应用程序，是指针为特定的使用目的而设计的程序，它能否安全、稳定地运行同样关系到企业或用户的切身利益。现今网络上所谓的黑客就时常利用应用程序的一些系统漏洞或后门，来实施他们的犯罪行为。我国也曾出现过公司技术人员为了发泄对企业的不满，而在企业的计算机中安装逻辑炸弹，导致他离开公司后企业系统陷入全面瘫痪的严重后果，给企业带来了巨大的损失。

（3）制作、传播计算机破坏性程序的犯罪行为

计算机当中的破坏性程序俗称"计算机病毒"。由于计算机病毒等破坏性程序传播的隐蔽性、无形性及其难以防范性，其危害越来越大，不但能对计算机软件系统造成严重威胁，甚至能导致计算机硬件的烧毁。

根据《中华人民共和国计算机信息系统安全保护条例》的规定，计算机病毒是指"编制或者在计算机程序中插入的破坏计算机功能或者毁坏数据，影响计算机使用，并能自我复制的一组计算机指令或者程序代码。"故意制作计算机病毒是指明知这段计算机程序带有破坏性和攻击性而故意去制作，并以破坏计算机信息系统为目的。故意传播计算机

病毒行为是指明知是计算机病毒，还故意传播从而造成其他计算机感染病毒的行为。传播计算机病毒行为同样可以造成严重的社会危害，例如 CIH 病毒的制造者给全球计算机带来了巨大的损失，其后的一系列变种使得它的防治也很艰巨。

2. 与计算机犯罪相关联的电子商务犯罪

通过一些非法手段获取网络上传输的一些商业信息或个人隐私信息，如盗用或窃听客户网上支付账号和密码。电子商务区别于传统商务的最大特点在于电子商务实现了商业交易的电子化，所有的商业信息都通过计算机和网络来处理。所以一旦计算机或网络受到破坏，必将会对电子商务参与各方平等的利益格局带来严重的负面影响。目前，各国在保障电子商务安全运营的技术规范、法律制度等方面还有不足，使得相关犯罪行为时有出现，具体行为表现在以下几个方面：

（1）盗用客户网上支付账户的犯罪行为

电子支付手段作为电子商务的一大特点，具有比传统支付手段更为经济、快捷、方便等特点，是电子商务的重要组成部分。在电子商务的安全问题中最常为人们提及的就是网上的支付安全。虽然近年来通过一些技术标准的推广，使得网上支付安全形势有了很大的改观，但是作为网上支付的两个关键因素，即用户名（Username）和密码（Password），一旦被非法用户截获或破解，就势必对电子商务用户造成直接或间接的经济损失。

（2）伪造并使用网上支付账户的犯罪行为

早期的一部科幻影片中曾有这么一个场景，一群黑客侵入了银行的计算机系统，为自己非法设立了几个账户并存入了巨额资金，然后这些账户上的资金被他们名正言顺地从银行一取而空。银行事后方才察觉，给银行带来了严重的经济损失。现在这一幕不再仅是科幻情景，而是已经存在于现实生活中。

（3）盗用电子商务身份证诈骗的犯罪行为

电子商务身份证是电子商务中商户合法经营身份的有效证明，它是判断电子商务参与方真实身份的重要依据。企业要参与到电子商务中来就必须通过认证机构的认证，其他客户正是凭借其电子身份证判断商户是否具有履行合同的能力。

（4）窃取商业秘密的犯罪行为

由于电子商务的信息都是以数据形式存储的，而且互相的通信也是基于网络的传输，这就使得这些机密数据更容易被非法获取且难以发觉。现代社会竞争异常激烈，一个企业的商业机密一旦泄露可能对企业造成致命的打击。例如，在一个网上公开招标中，一方获悉了主要竞争对手精心准备的竞标方案，那么它就可以在认真分析了该方案后，推出一个结合了自己和对手各自优点的方案，并在竞标中指出对手方案的不足之处，从而轻易获得最后的胜利。

3. 不涉及计算机技术的电子商务领域中的传统商务犯罪

现今，网络犯罪的特征有向传统犯罪与网络相结合的态势，如公安部严厉打击的网络传销、网络色情、网络诈骗等。

9.2.3　电子商务中的刑事责任

刑事责任是行为人在实施了违法犯罪的行为后所应承担的责任。上一节中了解了一些电子商务中的犯罪行为，电子商务中的犯罪特征区别于广义上计算机犯罪以及网络犯罪，有着自身的主要特征，主要有以下几点：犯罪目的性强、非法获利性、犯罪的高智能性、犯罪的无现场性、犯罪被举报的少、犯罪的低风险性、防控难度大。

《刑法》规定了对刑事犯罪行为的定罪办法，认定刑事责任必定符合三个基本要素，一是有危害社会的行为发生，二是此危害行为必然为《刑法》所禁止，三是《刑法》所禁止的行为还应当是受《刑法》处罚的行为。我国关于网络犯罪的主要立法有：1994 年 2 月国务院发布、2011 年 1 月修订的《中华人民共和国计算机信息系统安全保护条例》；1996 年 2 月国务院发布、1997 年 5 月修订的《中华人民共和国计算机信息网络国际联网管理暂行规定》；2021 年 3 月施行的《刑法》中规定的非法侵入计算机系统罪（第二百八十五条）、破坏计算机信息系统罪（第二百八十六条）等。现就《刑法》中的一些相关规定简单介绍如下：

《刑法》第二百八十六条第一款规定："违反国家规定，对计算机信息系统功能进行删除、修改、增加、干扰，造成计算机信息系统不能正常运行，后果严重的，处五年以下有期徒刑或拘役；后果特别严重的，处五年以上有期徒刑。"《刑法》第二百八十六条第三款规定"故意制作、传播计算机病毒等破坏性程序，影响计算机系统正常运行，后果严重的，依照第一款的规定处罚。"

《刑法》第二百八十七条明确规定："利用计算机实施金融诈骗、盗窃、贪污、挪用公款、窃取国家秘密或者其他犯罪的，依照本法有关规定定罪处罚。"

《刑法》第二百六十四条规定："盗用公私财物，数额较大的，或者多次盗窃、入户盗窃、携带凶器盗窃、扒窃的，处三年以下有期徒刑，拘役或者管制，并处或者单处罚金；数额巨大或者有其他严重情节的，处三年以上十年以下有期徒刑，并处罚金；数额特别巨大或者有其他特别严重情节的，处十年以上有期徒刑或者无期徒刑，并处罚金或者没收财产。"

《刑法》第二百六十六条规定："诈骗公私财物，数额较大的，处三年以下有期徒刑，拘役或者管制，并处或者单处罚金；数额巨大或者有其他严重情节的，处三年以上十年以下有期徒刑，并处罚金，数额特别巨大或者有其他特别严重情节的，处十年以上有期徒刑或者无期徒刑，并处罚金或者没收财产。本法另有规定的，依照规定。"

《刑法》第二百一十九条规定："有下列侵犯商业秘密行为之一，情节严重的，处三年以下有期徒刑，并处或者单处罚金；情节特别严重的，处三年以上十年以下有期徒刑，并处罚金：（一）以盗窃、贿赂、欺诈、胁迫、电子侵入或者其他不正当手段获取权利人的商业秘密的；（二）披露、使用或者允许他人使用以前项手段获取的权利人的商业秘密的；（三）违反保密义务或者违反权利人有关保守商业秘密的要求，披露、使用或者允许他人使用其所掌握的商业秘密的。明知前款所列行为，获取、披露、使用或者允许他人使用该商业秘密的，以侵犯商业秘密论。本条所称权利人，是指商业秘密的所有人和经商业秘密所有人许可的商业秘密使用人。"

通过以上《刑法》中有关对电子商务中犯罪行为的量刑不难发觉，一些法律条文的制定，都是以传统犯罪特征为蓝本的。一些规定并不是十分符合电子商务中的实际情况，而且随着电子商务的不断发展，我国现行法律所显现出的法律真空也越来越明显。这就使得今后的立法工作还需要不断完善。

9.2.4 《电子商务法》中的刑事责任

《电子商务法》第八十八条规定："违反本法规定，构成违反治安管理行为的，依法给予治安管理处罚；构成犯罪的，依法追究刑事责任。"

9.3 电子商务的行政责任

9.3.1 行政法在电子商务中的适用

行政法一般是指调整行政关系和基于行政关系而产生的监督行政关系的法律规范体系，它以行政关系和监督行政关系为调整对象。由于行政法涉及的社会领域十分广泛，内容纷繁复杂，专业性也较强，而且行政关系变动也较快，因此要制定一部包罗万象、完整统一的行政法典是十分困难的。

在电子商务中，虽然参与各方可以简单地划分为政府、企业、消费者，但实际中电子商务的具体参与方角色非常模糊，甚至他们可以同时扮演多个角色，而且他们之间的关系也非常复杂。由于电子商务还属于新兴事务，对它的研究还在不断深入，其中有关行政法在电子商务中的适用性问题也是很值得研究的。

9.3.2 电子商务中的行政违法行为

在电子商务活动过程中，参与者由于触犯行政法出现的行政违法行为主要包括两方面内容：一是国家机关及其工作人员在管理电子商务活动中的违法行为；二是行政相对人在电子商务活动中触犯相应的行政法规或不履行相应的行政义务的违法行为。

1. 电子商务税收中的行政违法行为

税收是一个国家财政收入的主要来源，税收的本质是以国家为主体所形成的特定的分配关系。它表现为国家占有一部分社会剩余产品，具有征收上的强制性、缴纳上的无偿性和征收比例或数额上的固定性。如果纳税人或扣缴义务人违反税收法律、法规的规定，不缴或少缴税款，势必会影响一国经济的发展。

电子商务这种新型贸易形式的出现，使得网上交易更加不易监管，对于税收的监管力度也显得有些苍白无力。虽然一些国家倡导网络交易的免税政策，但是对于一些发展中国家来说，其财政收入的主要来源为税收，网上巨大的交易额使得国家税收流失十分严重，特别是各国对税收法规能否在电子商务上适用、如何制定网上税法尚在探讨之中。所以，以目前的税法来说，电子商务税收中的行政违法行为主要表现在以下几方面：

（1）违反税收管理程序的行为

鉴于电子商务自身的特性，网上的电子交易带有一定的隐蔽性，甚至当一家网络商城已开始营业了，税务机关可能还不知道它的存在。正如前面所述，电子商务对传统税收体系带来了前所未有的冲击，使得当前的税务机制很难监管网上的交易行为。

但是结合《税收征收管理法》的相关规定，参与电子商务的相关方必须认真履行自己的纳税义务，完成以下工作：①电子商务交易相关责任人必须按期如实申报办理税务登记、变更或者注销登记；②必须设置并保存交易记录及交易凭证，这是核查纳税人缴纳金额的重要依据；③需依照条件将其财务会计制度或会计处理办法报送税务机关备查；④扣缴义务人必须以相应的方式设置、保管代扣代缴、代收代缴税款账簿或者保管代扣代缴、代收代缴税款的记账凭证及有关资料；⑤纳税人必须按期以适当的方式就其应税行为向税务机关办理纳税申报，扣缴义务人须按期以适当的方式向税务机关报送代扣代缴、代收代缴税款报表。

如果电子商务交易责任人违反了以上义务，根据《税收征收管理法》的相关规定，视情节由税务机关给予相关行政处罚。

（2）电子商务中的偷税、抗税行为

传统的偷税行为是指纳税人、扣缴义务人采取伪造、变造、隐匿、擅自销毁账簿、记账凭证、在账簿中多列指出或者不列、少列收入，或者进行虚假的纳税申报的手段，不缴或者少缴应纳的税款。抗税行为具体是指以暴力、威胁方法拒不缴纳应缴税款的行为。电子商务为企业实施偷税抗税行为提供了某些技术的便利，但是依法纳税是每一个公民应尽的义务，税务机关一旦发现网络企业存有偷税、抗税行为，应当依法给予行政处罚。

2. 电子商务知识产权中的行政违法行为

（1）域名的恶意抢注

我国首例网络域名纠纷案发生在 1999 年，现今有关域名争议的案件依然时有发生，特别是恶意抢注问题。域名监管机构可根据相关法律，给予相应行政处罚。

（2）侵犯网络著作权

1）剽窃、抄袭他人的作品。这种行为在网络上主要表现为擅自将网上作品下载并在各种报纸杂志上发表，或者将他人在网上发表的作品随意下载为自己作品的一部分或全部的行为。

2）未经著作权人许可，以营利为目的，擅自将他人在网络上发表的作品加以复制，并在网上发行的行为。

3）出版者未经许可出版他人在网上出版的、享有专有出版权的作品的行为。

4）未经表演者许可，以营利为目的，对其表演制作录音、录像在网上发行的行为。

5）未经录音、录像制作者许可，以营利为目的，复制发行其制作的录音、录像在网上发行的行为。

6）未经广播电台、电视台许可，以营利为目的，在网上传播、复制发行其制作的广播、电视节目的行为。

7）以营利为目的，在网上制作、出售假冒他人署名的美术作品的行为。

对以上几种侵权行为，在承担其他责任的同时也应给予行政处分。

（3）电子商务中侵犯消费者权益保护方面的行政违法行为

《消费者权益保护法》第二章消费者的权利，规定了我国的消费者在消费过程中所享有的九大权利，包括保障安全权、知悉真情权、自主选择权、公平交易权、依法求偿权、依法结社权、求教获知权、维护尊严权和监督批评权。如果企业经营者触犯了《消费者权益保护法》，将由工商行政管理部门给予其行政处罚。经营者的行政违法行为具体表现在：

1）生产、销售的商品不符合保障人身、财产安全要求的。

2）在商品中掺杂、掺假、以假充真，以次充好，或者以不合格商品冒充合格商品的。

3）生产国家明令淘汰的商品或者销售失效、变质的商品的。

4）伪造商品产地、伪造或者冒用他人的厂名、厂址，伪造或者冒用认证标志、名优标志等质量标志的。

5）销售的商品应当检验、检疫而未检验、检疫或者伪造检验、检疫结果的。

6）对商品或者服务作引人误解的虚假宣传的。

7）对消费者提出的修理、重作、更换、退货中商品数量、退还货款和服务费用或者赔偿损失的要求，故意拖延或者物理拒绝的。

8）侵害消费者人格尊严或者侵犯消费者人身自由的。

9）法律、法规规定的对损害消费者权益应予以处罚的其他情形。

9.3.3　电子商务中的行政责任

在行政法中规定的行政责任是指，由行政违法行为或某些法律事实所引起的否定性法律后果。它包括两部分内容：一是公民、企事业单位、社会团体等行政相对人违反行政管理法规和不履行行政义务而承担的法律责任；二是国家机关及其工作人员在执行职务中因违法或不当行为而承担的法律责任。

电子商务中的行政责任是指，电子商务活动的参与方在电子商务活动中由于出现了行政违法行为所应承担的法律责任。它包括两方面内容：一是国家机关及其工作人员在管理电子商务活动中因违法或行为不当而应承担的行政责任；二是电子商务参与方在电子商务活动中违反相应的行政法规或不履行相应的行政义务所应承担的行政责任。

电子商务中的行政责任，主要集中在公民、法人、其他组织等行政相对人违反相应的行政法规或不履行相应的行政义务所应承担的法律责任方面。根据前文中电子商务中存有的主要行政违法行为，电子商务中的行政责任表现在以下几个方面。

1. 电子商务税收中的行政责任

1）对于违反税收管理程序的违法行为，根据《税收征收管理法》的规定，可由税务机关责令限期改正，可处以 2000 元以下的罚款；情节严重的，处 2000 元以上 1 万元以下的罚款。

2）对于电子商务中的偷税、抗税违法行为，依照《税收征收管理法》的相关规定，未构成犯罪的，由税务机关追缴其不缴或少缴、拒缴的税款滞纳金，对于偷税违法行为还要并处不缴或少缴的税款 50% 以上 5 倍以下的罚款，对于抗税违法行为则要并处拒缴税款 1 倍以上 5 倍以下的罚款；构成犯罪的，除依法追究其行政责任外，还会报送公安机关追究其刑事责任。

2. 电子商务知识产权中的行政责任

对于"恶意抢注"的违法行为，根据《商标法》和《反不正当竞争法》的相关规定，可以依据情节不同，给予以下几种行政处罚：

（1）责令停止违法行为，没收违法商品

《反不正当竞争法》第十八条规定："经营者违反本法第六条规定（经营者不得实施下列混淆行为，引人误认为是他人商品或者与他人存在特定联系：（一）擅自使用与他人有一定影响的商品名称、包装、装潢等相同或者近似的标识；（二）擅自使用他人有一定影响的企业名称（包括简称、字号等）、社会组织名称（包括简称等）、姓名（包括笔名、艺名、译名等）；（三）擅自使用他人有一定影响的域名主体部分、网站名称、网页等；（四）其他足以引人误认为是他人商品或者与他人存在特定联系的混淆行为。）实施混淆行为的，由监督检查部门责令停止违法行为，没收违法商品。"

（2）罚款

《商标法》第六十条规定"工商行政管理部门处理时，认定侵权行为成立的，责令立即停止侵权行为，没收、销毁侵权商品和主要用于制造侵权商品、伪造注册商标标识的工具，违法经营额五万元以上的，可以处违法经营额五倍以下的罚款，没有违法经营额或者违法经营额不足五万元的，可以处二十五万元以下的罚款。"《反不正当竞争法》第十八条至二十四条规定了对实施混淆行为的、贿赂他人的、对其商品做虚假或引人误解宣传的、侵犯商业秘密的、进行有奖销售的、损害竞争对手商业信誉、商业声誉的、妨碍、破坏其他经营者合法提供的网络产品或者服务正常运行的，依据情节轻重，给予五万至五百万的不同处罚。

（3）吊销营业执照

《反不正当竞争法》第十八条、第十九条、第二十条规定了对实施混淆行为的、贿赂他人的、对其商品做虚假或引人误解宣传的，情节严重的，可以吊销营业执照。

对于著作权的违法行为，可根据《著作权法》和《著作权法实施细则》给予其责令停止侵害、罚款、没收非法所得、警告等处罚。

3. 电子商务中触犯《消费者权益保护法》的行政责任

对企业经营者违反《消费者权益保护法》的，根据该法第五十条追究其行政责任。由工商行政管理部分责令改正，可以根据情节单处或者并处警告、没收违法所得，处以违法所得 1 倍以上 5 倍以下的罚款；情节严重的，责令停业整顿、吊销营业执照。

本 章 小 结

本章主要讲述了电子商务的民事责任，包含《民法典》在电子商务中的适用，电子商务中的民事违法行为，电子商务中的民事责任。同样地，讲述了电子商务的刑事责任，包含刑法在电子商务中的适用，电子商务中的刑事违法行为，电子商务中的刑事责任，《电子商务法》中的刑事责任。本章还讲述了电子商务的行政责任，包含行政法在电子商务中的适用，电子商务中的行政违法行为，电子商务中的行政责任。

课后练习

思考题

1. 民事责任的构成要件和归责原则各有哪些？

2. 电子商务中的民事责任有哪些形式？

3. 电子商务中的行政违法行为有哪些？

参 考 文 献

［1］刘喜敏，迟晓曼. 电子商务法［M］. 大连：大连理工大学出版社，2015.

［2］郭鹏. 电子商务法［M］. 2 版. 北京：北京大学出版社，2017.

［3］李莉莎. 第三方电子支付法律问题研究［M］. 北京：法律出版社，2014.

［4］姜明安. 行政法与行政诉讼法［M］. 7 版. 北京：北京大学出版社，2019.

［5］许可. 个人信息保护法的深远意义：中国与世界［EB/OL］. 中国人大网，（2021 - 08 - 24）［2023 - 12 - 11］. http://www. npc. gov. cn/npc/c2/c30834/202108/t20210824_ 313195. html.